W0068682

Mein großes Buch
Heimische Tierwelt

Bibliografische Information Der Deutschen Bibliothek

Die Deutsche Bibliothek verzeichnet diese Publikation in der
Deutschen Nationalbibliografie; detaillierte bibliografische Daten
sind im Internet über http://dnb.ddb.de abrufbar.

6 5 4 3 2   08 07 06 05

© 2005 by Firecrest Books Ltd., London,
and John Francis/Bernard Thornton Artists
Titel der Originalausgaben:
The Secret Life of Garden Animals, 2001
The Secret Life of Woodland Animals, 2001
The Secret Life of Farmland and Field Animals, 2002
The Secret Life of Pond, Steam and Marsh Animals, 2002

© 2005 für die deutsche Ausgabe: arsEdition GmbH, München
Alle Rechte vorbehalten
Aus dem Englischen von Feryal Kanbay, Anne Emmert
Textlektorat der deutschen Ausgabe: Monika Blume, Ulrike Hauswaldt
Printed by SC (Sang Choy) International Ltd

ISBN-13: 978-3-7607-4834-4
ISBN-10: 3-7607-4834-1

www.arsedition.de

Mein großes Buch

Heimische Tierwelt

Text von Bernard Stonehouse
Illustrationen von John Francis

ars≡dition

Inhalt

Der Garten

Als die Menschen anfingen in die Städte zu ziehen, vermissten sie sehr bald das Land mit seinen Pflanzen und Wildtieren. Deshalb haben sie Gärten erfunden – ein Stückchen Land, das zwischen den Häusern angelegt wird und auf dem sie Pflanzen ziehen und der Natur nah sein können. Heute besitzt fast jedes Haus eine Art von Garten. Besonders in Vororten oder am Stadtrand gibt es Gärten mit Rasen, Bäumen, Sträuchern und Blumen, die durch Zäune oder Hecken voneinander getrennt sind.

Wir meinen, dass unsere Gärten wie unsere Häuser nur uns gehören. Aber wir teilen sie mit anderen Lebewesen – kleinen Säugetieren, Vögeln, Reptilien und Insekten, die zu bestimmten Jahreszeiten oder das ganze Jahr hier leben. Für diese Tiere sind Gärten der richtige Lebensraum, manchmal besser geeignet als Felder und Wälder, manchmal weniger. Hecken und Zäune spielen keine Rolle. Ein Dutzend oder mehr Gärten hinter einer Reihe von Häusern ergeben zusammen ein beträchtliches Stück Land; hier können sich mehrere Igel, Mäuse, Amseln, Buchfinken und andere Wildtiere sowie deren Familien mit Nahrung versorgen.

Dieses Buch enthüllt das unbekannte Leben mancher dieser Tiere; hier wird berichtet, wie sie den Garten nutzen und uns manchmal helfen, aber auch, wie wir ihnen in schweren Zeiten helfen können zu überleben.

Die Singdrossel

Die Singdrossel ist eng verwandt und äußerlich sehr ähnlich mit der etwas größeren Misteldrossel, die in Gärten seltener vorkommt. Sie hat eine helle Brust mit deutlich gezeichneten Flecken; Männchen und Weibchen ähneln sich stark. Die männlichen Singdrosseln singen lauter und haben einen flötenden Gesang. Besonders im Vorfrühling kannst du sie morgens und abends hören, während sie die Gärten untereinander aufteilen. Wenn du zwei Drosseln Seite an Seite auf dem Rasen oder in einem Blumenbeet auf Nahrungssuche siehst, handelt es sich wahrscheinlich um ein Vogelehepaar, das in der Nähe ein Nest hat. Dieses Männchen (rechts) sitzt auf einem Ast wenige Meter über dem Boden, singt laut und erzählt den anderen Singdrosseln, dass dieser Teil des Gartens sein Revier ist. Andere Vögel wie Rotkehlchen oder Blaumeisen stören ihn nicht und können diesen Bereich mit ihm teilen. Andere männliche Singdrosseln aber werden vertrieben. Wenn der Gesang allein nicht ausreicht, greift das Männchen sie auch an und jagt sie davon.

▼ 1. Im Frühling und Sommer legt das Männchen auf diese Weise sein Revier fest und trällert von Bäumen, Wäscheleinen oder Zaunpfosten seinen Gesang, besonders am frühen Morgen und am Abend. In den Pausen geht es auf Nahrungssuche, es dreht seine Runden über dem Boden und scharrt nach Insekten und Schnecken.

◄ 3. Vater und Mutter bringen den Jungvögeln Nahrung, die normalerweise aus Insekten, kleinen Würmern oder Schnecken besteht. Anfangs ist das leichte Arbeit, aber wenn die Jungen größer werden, brauchen sie mehr und mehr zu fressen. Nach drei Wochen haben sie ihr volles Federkleid und können das Nest verlassen.

▼ 2. Das Weibchen findet eine Stelle und baut hier das Nest, das hauptsächlich aus Gras und Moos besteht und mit Schlamm – aus Ton und Speichel hergestellt – ausgekleidet wird. Dann legt sie drei bis fünf himmelblaue, schwarz gefleckte Eier hinein und brütet sie in etwa zwei Wochen aus.

► 4. Die Singdrossel hat eine besondere Art, mit Gehäuseschnecken umzugehen. Sie packt das Beutetier an der Schale und schlägt es immer wieder auf einen Stein oder eine harte Oberfläche. Das Gehäuse geht kaputt und die Singdrossel schüttelt die Schnecke, um die Schalenreste zu entfernen. Kein anderer Gartenvogel beherrscht diese Methode so perfekt.

▼ 5. Eine »Drosselschmiede« ist ein Stein, der von zerbrochenen Schneckengehäusen umgeben ist – einer, den eine Singdrossel häufig benutzt. Schnecken können viel Schaden anrichten, besonders bei jungen und zarten Pflanzen, deshalb sind Gartenbesitzer froh, die Singdrossel im Garten zu haben.

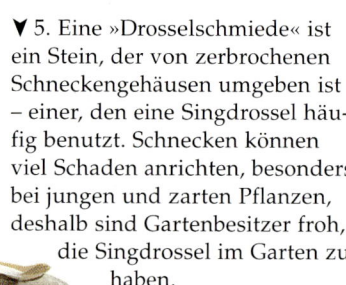

Die Waldmaus

Weltweit gibt es viele verschiedene Arten von Mäusen. Sie sind alle klein, haben glattes Fell und große glänzende Augen. Manche leben in der Wüste, manche in Häusern, manche in tropischen Wäldern. Die Waldmaus mit ihrem langen Schwanz und den gebogenen Ohren bewohnt gemäßigte Wälder und Felder in ganz Europa, Asien und Nordafrika. Wenn du Mäuse in deinem Garten hast, sind es wahrscheinlich Waldmäuse. Du wirst nicht viel von ihnen sehen.

Sie verstecken sich und sind hauptsächlich nachts unterwegs. Aber deine Katze kann sie fangen. Im Herbst kommen sie oft ins Haus, um Wärme und Schutz zu suchen. Waldmäuse leben meistens auf dem Boden, können aber auch auf Bäume klettern und auf Ästen laufen. Sie fressen fast alles – von Insekten bis zu jungen Pflanzentrieben, Gräsern, Blättern, Nüssen und Beeren. Diese Waldmaus (großes Bild) nagt an einer Eichel. In einem Gemüsegarten können die Mäuse zur Plage werden, weil sie Sämlinge, Wurzelgemüse und Früchte annagen.

▲ 1. Der Schwanz der Waldmaus ist genauso lang oder sogar länger als der Körper und Kopf zusammen. Warum braucht sie einen so langen Schwanz? Wir wissen es nicht. Die meisten benützen ihn vermutlich zur Temperaturregelung – wenn es der Maus bei der Arbeit zu warm wird, hilft der lange, nackte Schwanz bei der Abkühlung.

▼ 2. Die Waldmäuse paaren sich im Vorfrühling und das Weibchen baut ein kugelförmiges Nest aus Gras und Moos, das es unter Blättern oder unter einem gefällten Baum oder in selbst gegrabenen unterirdischen Gängen versteckt. Ein Mäusepaar kann in einem Jahr drei oder vier Würfe von jeweils sechs bis acht Jungen haben. Die jungen Mäuse können schon im gleichen Jahr selbst Babys bekommen.

➤ 3. Im Spätsommer und Herbst, wenn es reichlich Nahrung gibt, legen Waldmäuse einen Vorrat an Nüssen und Samen an. Wenn sie überleben und sich an das Versteck erinnern können, kommen sie zurück, um sich im Winter davon zu ernähren. Da nur wenige Mäuse länger als einen einzigen Sommer leben, werden viele dieser Vorräte nie genutzt.

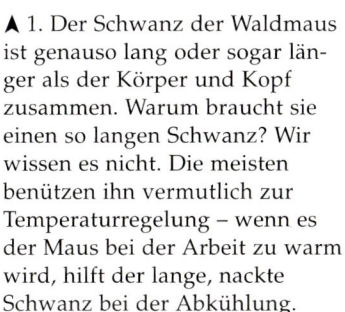

▲ 4. Eine Waldmaus und eine Hausmaus sehen sich auf den ersten Blick sehr ähnlich. Die Waldmäuse sind jedoch auf dem Rücken eher rötlich braun und auf dem Bauch fast weiß, während die Hausmäuse meist einheitlich grau sind. Die Waldmaus ist etwas größer, hat einen längeren Schwanz, größere Füße und auffälligere Augen und Ohren.

▲ 5. Für ihre Größe sind Waldmäuse sehr stark und muskulös. Sie sind sehr lebhaft und flink, können schnell rennen, klettern und springen. Ihre Hauptfeinde sind Katzen und Wiesel oder Räuber aus der Luft wie Eulen und Falken. Werden sie angegriffen, können sie einen halben Meter hoch springen, um zu entkommen.

Das Rotkehlchen

An einem kalten Morgen Ende Dezember liegt auf den Hecken Reif. Ein rundliches Rotkehlchen mit roter Brust singt auf einem Ast sitzend. Es warnt andere Rotkehlchen, dass dieser Bereich – vielleicht im Umkreis von einigen hundert Metern – ihm gehört. Andere Vogelarten dürfen ihn betreten, aber nicht andere Rotkehlchen. Wenn dies doch passiert, bedroht es sie, greift sie an und jagt sie davon. Es ist wichtig, Artgenossen fernzuhalten, weil Nahrung im Winter knapp ist, und die vorhandene braucht es selbst. Männchen und Weibchen ähneln sich sehr. Im Winter haben beide getrennte Reviere. Während der kurzen Stunden mit Tageslicht suchen sie nach Nahrung, wenn sie nicht gerade singen oder drohen. Obwohl es nicht viel Futter gibt, entdecken die Rotkehlchen mit ihren sehr guten Augen Insekten, Spinnen und Samen, die sie zum Überleben brauchen.

▼ 1. Rotkehlchen ernähren sich, indem sie von den Büschen nach unten schießen und Maden oder Insekten aufpicken. Gewöhnlich gibt es viel zu holen, wo andere Tiere den Boden schon aufgewühlt haben. Wenn du im Garten arbeitest, kann es passieren, dass ein Rotkehlchen herbeifliegt, um dort zu picken, wo du gerade gräbst. Will es zutraulich sein? Nein, aber es ist hungrig genug, diese Nähe zu wagen.

▲ 3. Den ganzen Frühling vertreibt das Männchen fleißig andere Männchen aus seinem Revier, manchmal durch Drohung, manchmal durch Kämpfe. Diese Kämpfe können fürchterlich sein und der eine oder andere Kämpfer kann getötet werden. Inzwischen lernen sich Männchen und Weibchen besser kennen und das Weibchen sucht das Gebiet nach einer geeigneten Stelle für das Nest ab.

▼ 5. Während die Jungvögel im Nest sitzen, werden sie von beiden Eltern gefüttert. Nach zwei bis drei Wochen verlassen sie das Nest und beginnen sich selbst zu versorgen, obwohl die Eltern sie einige Tage weiter füttern. In der Zwischenzeit sucht das Weibchen einen neuen Nistplatz. In einem Sommer kann sie zwei- bis dreimal brüten.

▼ 2. Im Vorfrühling ist Paarungszeit. Der Gesang des Männchens lockt die Weibchen in sein Revier, ist aber für andere Männchen eine Warnung. Beide sehen sich sehr ähnlich, deshalb bedroht das Männchen jedes fremde Rotkehlchen, das sein Revier betritt, indem es seinen Schnabel hebt und die Brust herausstreckt. Ist der Eindringling ein Männchen, droht dieser ebenfalls und beide beginnen zu kämpfen. Ein Weibchen antwortet mit gesenktem Kopf und flatternden Flügeln.

▼ 6. An heißen Sommertagen kühlen sich Rotkehlchen gerne im Wasser ab. Ein Vogelbad im Garten hilft, sie anzulocken.

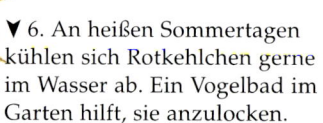

▲ 4. Das Weibchen sucht eine geschützte Ecke, die im Unterholz versteckt ist, am besten so etwas wie ein alter Blumentopf. Es baut hier ein Nest aus trockenem Gras und Laub. Dann legt es fünf oder sechs weiße Eier mit rötlichen Flecken und brütet 14 Tage, während es vom Männchen mit Nahrung versorgt wird.

Der Igel

In ganz Europa lebt der Igel auf Feldern und in Wäldern sowie in Parks und Gärten. Du siehst ihn nur selten. Sie schlafen am Tag und gehen am Abend auf die Jagd. Wenn du in der Dunkelheit in den Garten gehst, wirst du den Igel in der Nähe wahrscheinlich hören. Sie schnüffeln, grunzen und quieken wie kleine Schweine, während sie nach Nahrung suchen. Im Frühjahr und Sommer sind sie sehr aktiv, wenn sie balzen und sich paaren, sowie im Herbst, wenn sie sich ihren Winterspeck anfressen. Von Oktober bis April suchen die meisten Igel ein warmes Plätzchen im Laub, rollen sich ein und halten Winterschlaf. Das Gesicht, die Beine und der Bauch des Igels sind mit dicken Haaren besetzt. Der Rest des birnenförmigen Körpers trägt Stacheln – dicke, stachelige Haare mit scharfen Spitzen, die das Tier vor Feinden sehr gut schützen. Igel leben nur am Boden. Für ihre Größe sind sie sehr stark und so bahnen sie sich gut ihren Weg durch hohes Gras und Laub.

▼ 1. Niedriges Gras, Sträucher und Blumenbeete in Gärten machen es dem Igel leicht, auf Jagd zu gehen. Er frisst Würmer, Käfer und Schnecken – mit und ohne Gehäuse; deshalb hat der Gärtner den Igel gerne im Garten. Ihr Kot auf dem Rasen beinhaltet oft Teile von dem, was er vorher gefressen hat.

▲ 2. Jeder einzelne Stachel wächst wie ein Haar aus der Haut und hat einen kräftigen Schaft und eine sehr scharfe Spitze. Die Stacheln werden von Zeit zu Zeit erneuert. Normalerweise liegen sie glatt an. Bei Gefahr duckt sich der Igel und stellt seine spitzen Stacheln auf. Ein Fuchs oder Hund, der ihn beschnüffelt, wird wahrscheinlich schmerzhafte Erfahrungen machen.

▲ 3. Wenn der Igel von einem Feind ernsthaft bedroht wird, rollt er sich zu einer Kugel zusammen, zieht die Beine und den Schwanz ein, wobei die Stacheln in alle Richtungen abstehen. Er kann mehrere Stunden lang zusammengerollt bleiben, bis der Feind das Interesse verliert und weggeht.

▲ 4. Der Igel wirft pro Jahr zweimal Junge. Das Weibchen baut ein Nest aus Gras und Blättern, meist unter einem Busch oder Schuppen, und bringt das erste Mal im Mai vier oder fünf Babys zur Welt. Die Stacheln der Jungen sind bei der Geburt weich, sie werden in der ersten oder zweiten Woche fest.

▼ 5. Igelkinder bleiben zwei oder drei Wochen im Nest und ernähren sich von Muttermilch. Dann verlassen sie das Nest und gehen mit der Mutter auf die Jagd. Dabei lernen sie, was gut schmeckt und wo man es finden kann. Nach fünf bis sechs Wochen werden sie unabhängig.

Die Amsel

Die Amsel ist in den Gärten Europas sehr häufig anzutreffen. Das Männchen kann man an seinem völlig schwarzen Federkleid, dem gelben Schnabel und an seinem schönen trillernden Gesang im Vorfrühling eindeutig erkennen. Das Weibchen hat eine ähnliche Gestalt und Größe und hüpft in gleicher Weise, ist aber braun gefärbt mit gefleckter Brust. Der natürliche Lebensraum der Amsel sind Hecken und Wälder, aber in Gärten fühlt sie sich besonders wohl. Eine Gartengruppe von weniger als einem halben Hektar Größe kann zwei oder sogar drei Amselpaare ernähren. Im Winter suchen sie oft gemeinsam Nahrung, aber ab dem zeitigen Frühjahr wird jedes Paar sein eigenes Revier mit aller Kraft verteidigen. Diese Amsel (rechts) hat gerade einen Regenwurm herausgezogen. Sie kann ihn ganz hinunterschlucken oder ihn in kleine Stücke teilen und damit ihre Jungen füttern. Im Frühjahr scharrt die Amsel im Boden nach Würmern, Käfern und Maden. Im Sommer frisst sie Raupen, Himbeeren, Kirschen und andere weiche Früchte und im Herbst reife Beeren aus dem Garten. Im Winter, wenn das Futter sehr knapp wird, müssen die Amseln auch außerhalb ihres Reviers nach Nahrung suchen.

➤ 1. Das Männchen ist glänzend schwarz mit goldgelben Augenringen und einem ebenfalls gelben Schnabel. Das Weibchen ist grau- oder rötlich braun mit einer gefleckten Brust und weniger auffallenden Augenringen. Sonst ähneln sich beide sehr – wie sie hüpfen, fliegen und nach Nahrung suchen.

▲ 2. Gut gepflegte Rasenflächen und Blumenbeete sind gute Jagdgründe für die Amseln. Diese hier horcht und hält Ausschau nach Regenwürmern. Sobald sie auch nur eine Schwanzspitze sieht, stürzt sie sich darauf und zieht fest daran, um den Wurm aus seinem Loch herauszuholen.

▼ 3. Die Amsel baut ihr Nest gewöhnlich in Bodennähe. Das Weibchen sucht die Stelle aus – oft in der Astgabelung eines Strauchs. Sie sammelt das meiste Material und formt das Nest um sich herum. Sie legt drei bis fünf Eier und brütet etwa zwei Wochen.

▲ 4. Die Jungen schlüpfen innerhalb von wenigen Stunden nacheinander aus und sind nackt und blind. In den drei Wochen im Nest bekommen sie Daunen und Federn, in dieser Zeit sind sie noch blind. Die Eltern füttern sie weitere ein bis zwei Wochen, nachdem sie das Nest verlassen haben. Danach sind die Jungen auf sich selbst gestellt.

▼ 5. Im Spätsommer, wenn die Amseln zwei- oder dreimal gebrütet haben, hören sie auf, ihr Revier zu verteidigen. Sie singen und bedrohen die Eindringlinge nicht mehr. Beide sehen müde aus, haben abgewetzte, abgenutzte Federn. Wenn der letzte Jungvogel das Nest verlassen hat, haben sie Zeit zu fressen und vor dem Winter neue Federn zu bekommen.

Der Buchfink

Im Frühling suchen die Männchen Reviere, die sie verteidigen können, gewöhnlich in Wäldern, aber auch die Ecke eines Gartens reicht aus. Das leuchtend gefärbte Männchen singt laut auf Ästen oder Pfosten. Sein Gesang vertreibt andere Männchen, lockt aber einzelne Weibchen an, von denen eines sich mit ihm paart. Der Buchfink setzt seinen Gesang fort und jagt die Rivalen davon, während sie tief im Gebüsch einen Nistplatz sucht, ein Nest baut und die Jungen aufzieht. Im Winter verlassen beide meist den Garten, schließen sich Vogelscharen auf Nahrungssuche an und fliegen über weite Gebiete. Es ist Mai und dieses Buchfinkenweibchen hat eine abgelegene Stelle im Garten gefunden, wo es aus Gras, Moos und Flechten sein Nest baut und dieses mit Spinnweben verschnürt. Nun brütet sie aus, während das Männchen weiterhin den Bereich um das Nest beschützt. Die Jungen schlüpfen nach etwa zwei Wochen aus und verlassen das Nest nach zwei Wochen.

▼ 3. Das Weibchen brütet allein etwa 12–14 Tage. Alle paar Stunden fliegt es weg, um schnell etwas zu fressen und zu trinken. Die blassen, leicht gefleckten Eier sind tief im Nest gut versteckt und bleiben dadurch warm, während das Weibchen weg ist.

▲ 1. Buchfinken fliegen in langen Stößen, flattern und gleiten abwechselnd. Die ausgebreiteten Flügel zeigen breite weiße Balken, der Schwanz ist von weißen Federn umsäumt.
Im Winter bilden die Buchfinken große Schwärme, die zu Hunderten auf den Feldern Nahrung suchen.

▲ 5. Der kurze, kräftige Schnabel des Buchfinken ist stark genug, um Nüsse und Samen zu knacken, und fein genug, um Insekten und andere kleine Tiere vom Boden aufzupicken. Der Schnabel ist auch sein Hauptwerkzeug beim Graben und Nestbauen und dient als Waffe beim Kämpfen.

▼ 2. Das Gefieder des Männchens ist leuchtend gefärbt und wird beim Gesang gut gesehen. Manche Bereiche der Federn sind lebhaft rosa, fast karminrot gefärbt, andere sind blasser. Aber es ist immer bunter als das Weibchen. Wenn das Weibchen ruhig auf dem Nest sitzt, ist es wegen seiner dunkleren Farbe nur schwer zu erkennen.

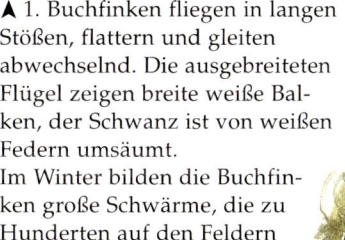

► 4. Das Männchen sucht sich einen Ast, einen Hausvorsprung oder Ähnliches zum Singen. Jeder Buchfink entwickelt einen etwas unterschiedlichen Gesang, aber seine Artgenossen in der Nähe verstehen ihn trotzdem; allerdings droht er, sie anzugreifen, wenn sie zu nahe kommen.

Das Eichhörnchen

Die putzigen kleinen Eichhörnchen leben in den Wäldern Europas und Asiens, wo es eine große Vielfalt an hohen Bäumen und Sträuchern gibt. Du kannst sie in den kalten Birken- und Nadelwäldern Sibiriens und auch in den warmen Wäldern Südeuropas finden, wo Bäume und Sträucher ihnen genug Nahrung bieten. Sie sind in großen Parks und Gärten mit hohen Bäumen und verschlungenen Ästen ebenfalls zu Hause. Eichhörnchen leben fast nur in den Bäumen, hüpfen entlang der Äste und springen anmutig von einem Baum zum nächsten. Von Deutschland bis Japan haben Eichhörnchen ein rötliches Fell, Ohren mit Haarbüscheln, glänzende Augen und einen langen buschigen Schwanz. Aber ihre Farbe kann je nach Jahreszeit und nach Region unterschiedlich sein. Manche bleiben das ganze Jahr goldrot, haben jedoch im Winter ein blasseres Fell. Die Eichhörnchen Skandinaviens haben eher graues Fell. Einige der europäischen Arten können im Sommer dunkelrot und im Winter fast schwarz sein.

▼ 1. Das Eichhörnchen benützt seine Vorderbeine, um die Nahrung aufzugreifen. Oft sitzt es auf seinem Hinterteil wie ein winziges Känguru. Da das Eichhörnchen für seine Größe sehr leicht ist, läuft es die Baumstämme hoch und runter und hält sich dabei mit seinen scharfen Krallen fest.

▲ 2. Das Eichhörnchen lebt und ernährt sich in den Bäumen. Du wirst es selten am Boden sehen. Schnell und flink macht es flugartige Sprünge von Ast zu Ast. Der buschige Schwanz, der fast so lang wie der Körper ist, schnellt ständig auf und ab, aber auch seitwärts, und hilft dem Tier das Gleichgewicht zu halten.

▼ 3. Im Frühling und Sommer ernähren sich Eichhörnchen von Knospen, Trieben und jungen Blättern; im Herbst ergänzen Nüsse und Samen ihren Speiseplan. Sie fressen auch Vogeleier und Insekten. Die langen Vorderzähne (Nagezähne) haben scharfe Kanten zum Nagen der harten Nussschalen, um an das weiche Innere zu gelangen.

▼ 4. Eichhörnchen zernagen und brechen Zweige ab, um sich ein Nest zu bauen, das man Kobel nennt. Manche sind nur ebene Flächen zum Schlafen, andere sind größer und aufwendiger, wie das hier abgebildete, und dienen zur Aufzucht der Jungen. Sie paaren sich im Frühling und haben Würfe von vier oder fünf Babys, die in etwa sechs Monaten ausgewachsen sind.

▼ 5. In Großbritannien und Irland kommt das verwandte Grauhörnchen vor. Es wanderte vor vielen Jahren aus Nordamerika ein und breitet sich heute in manchen Gebieten stark aus. Es ist größer als das Eichhörnchen und hat eine ganz andere Fellfarbe. Wo beide Arten Konkurrenten sind, gewinnt das Grauhörnchen, sodass Eichhörnchen in Großbritannien inzwischen selten vorkommen.

Der Waldkauz

Dieser nächtliche Jäger lebt eigentlich in Wäldern und auf Feldern, wobei jedes Vogelpaar ein Gebiet von 10 Hektar oder mehr für die Beutejagd braucht. Aber auch Stadtparks und große Gärten mit alten Bäumen bieten ausreichend Nahrung. Sogar in gartenreichen Wohngebieten kann sich ein Waldkauzpaar niederlassen. Du wirst diese Vögel eher hören als sehen. Am Tag sitzen sie schlafend in den Bäumen. Ihre Jagd beginnt am späten Abend und sie jagen die ganze Nacht. Zwischendurch rasten sie auf Bäumen, um ihre Beute zu fressen. Ihr glucksender, klirrender Gesang und die »huuuh-hu-huuuuuuuuuh«-Rufe sind in der Nacht gut zu hören. Ein Waldkauz lauert ganz ruhig auf einem Ast, verschmilzt mit dem Hintergrund und wird beinahe unsichtbar. Die großen Augen sehen im Zwielicht sehr gut. Noch wichtiger sind die Ohren, die unter den Federn versteckt liegen. In der Nacht jagen Eulen hauptsächlich nach Geräusch und fressen kleine Vögel und Säugetiere, Käfer, Frösche, Fische, Regenwürmer sowie andere kleine Beutetiere.

▲ 1. Der Waldkauz jagt hauptsächlich am späten Abend und am frühen Morgen. Sein weiches Federkleid verhindert beim Flug jedes Geräusch. Er ruft von seinem Ruheplatz, gibt aber beim Flug keinen Laut von sich. Er beobachtet und horcht genau, um die leisen Bewegungen und das Rascheln der Beutetiere wahrzunehmen.

▲ 2. Dieser Waldkauz hat eine Wühlmaus gefangen und sie durch einen einzigen Biss mit seinem kräftigen Schnabel getötet. Er hält sie, während er auf weitere Beute lauert. Er verrenkt sich den Hals und verdreht seinen Kopf, um das Geräusch auszumachen. Wenn er sicher ist, schlägt er wieder zu – mit dem Schnabel und den Krallen.

▲ 3. Der Waldkauz baut sein Nest in hohlen Bäumen, in Gebäuden, Felsen und Löchern im Boden. Es ist kaum mehr als eine Höhle, die groß genug ist für zwei bis vier weiße Eier. Das Nest wird nicht ausgekleidet. Das Weibchen übernimmt fast das ganze Brüten. Es dauert etwa vier Wochen, bis die Jungen schlüpfen.

► 4. Während des Brütens und der Aufzucht bringt das Männchen der Mutter und den Nestlingen Nahrung, die in Stücke gerissen und unter den Jungen verteilt wird. Der erstgeschlüpfte Jungvogel ist gewöhnlich der stärkste, der letzte der schwächste. Wenn Futter knapp ist, verhungern die schwächeren Babys und nur die stärksten überleben.

▼ 5. Ein- oder zweimal am Tag würgt eine Eule unverdauliche Nahrungsreste in Form von Gewöllen aus; diese enthalten Haare, Federn, Knochen und Fischschuppen. Biologen, die diese Gewölle sammeln und untersuchen, können erfahren, was die Eule zu verschiedenen Zeiten im Jahr gefangen hat.

Die Blaumeise

Blaumeisen sind winzige, sehr bunte Waldvögel – die kleinsten der Meisen, die im Winter oft die Gärten besuchen. Ab Oktober, wenn in der Natur Nahrung knapp wird, kannst du an einer Futterstelle Erdnüsse ausstreuen oder einen Meisenknödel aufhängen; schnell wird eine Gruppe von fünf oder sechs Meisen, auch Blaumeisen, angelockt werden. Wenn du im Herbst an einem Baumstamm einen Nistkasten anbringst, vielleicht beschließt ein Meisenpaar, zu bleiben und im Frühjahr zu brüten. Mit ihrer gelben Brust und dem grünblauen Rücken sowie Flügel und Schwanz in gleicher Farbe sind Blaumeisen sehr schöne Vögel. Die kleinen Leichtgewichte sind für ihre Größe sehr stark und akrobatisch. Sie suchen ihre Nahrung hauptsächlich in den Bäumen und jagen Blattläuse, Raupen sowie andere kleine Insekten. Sie schwirren im Gras und an Blumen hin und her und fressen Staubbeutel und Samen. Wegen ihrer geringen Größe sind sie im Vorteil gegenüber größeren Vögel, die gewöhnlich zu schwer sind, sich auf diese Weise zu ernähren.

▼ 1. Im Frühling suchen Blaumeisen in Eichenwäldern nach winzigen Raupen, die wiederum die Knospen und das junge Laub der Eichen fressen. Im Garten halten sie nach Raupen, Blattläusen, Thripsen und anderen kleinen Insekten Ausschau.

➤ 2. In alten Wäldern, in Obstgärten oder Hausgärten baut die Blaumeise ihr Nest, hauptsächlich in der Baumrinde und an Stellen, wo die Äste abgebrochen sind. Sie füllen die Aushöhlung mit Blättern und Moos, gestalten daraus ein Nest und legen ein Dutzend oder mehr winzige rosa Eier hinein.

▲ 3. In jungen Wäldern, in Parks und Gärten gibt es nicht genug Nestlöcher. Aber Meisen nehmen Nistkästen gerne an – nur eine kleine Holz- oder Metallkiste mit einem Loch an der Seite genügt. Das Loch muss groß genug sein für eine Meise, aber zu klein für Wiesel, Eichhörnchen und andere Räuber.

◄ 4. Futternetze mit Erdnüssen sind für Blaumeisen und andere Meisen eine willkommene Nahrungsquelle im Winter, wenn das Essen in der Natur knapp wird. Spatzen und andere Vögel nützen sie auch. Die Blaumeisen fressen lieber mit dem Kopf nach unten hängend.

▼ 5. Wenn es ausreichend Nahrung gibt und das Wetter schön ist, kann ein Blaumeisenpaar zwei oder drei Bruten von je zehn oder mehr Jungen in einem einzigen Jahr haben. Ist Futter knapp oder schwer zu finden, sterben viele der Jungvögel. Leider überleben nur wenige einer jeden Brut ihren ersten Winter.

Die Waldspitzmaus

Diese Spitzmaus sieht wie eine Maus mit kleinen Ohren und einer sehr langen Nase aus. Sie ist eine der vielen Spitzmausarten, die in Europa leben, und eine der am weitesten verbreiteten. Waldspitzmäuse kommen überall vor, vom arktischen Skandinavien bis nach Süditalien und Griechenland. Sie bewohnen alle Lebensräume, von den Alpen bis hin zu sumpfigen Niederungen. Sie sind zwar inmitten von Waldlaub zu Hause, fühlen sich aber in Parks und Gärten genauso wohl. Sogar ein kleiner Stadtgarten kann mindestens eine Spitzmausfamilie ernähren, vielleicht auch mehrere. Die Waldspitzmaus sieht wie eine Maus aus, aber ihre Zähne, ihr Gehirn und andere Merkmale zeigen, dass sie mit dem Igel näher verwandt ist. Die lange Schnauze trägt eine Reihe von Zähnen zum Schneiden und Kauen sowie Tasthaare wie bei einer Katze, die bei der Nahrungssuche sehr hilfreich sind. Spitzmäuse sehen schlecht und verlassen sich eher auf ihre Nase und ihren Tastsinn. Sie fressen hauptsächlich Schnecken, Regenwürmer (großes Bild), Insekten und andere kleine Tiere.

➤ 1. Spitzmäuse graben unter dem Gras und dem Laub Gänge von und zu ihren Höhlen. Sie folgen diesen Gängen, wenn sie Nahrung suchen. Hier haben sie es bei schlechtem Wetter warm und trocken, außerdem sind sie sicher vor den räuberischen Vögeln und Katzen.

▲ 3. Die langen Kiefer der Spitzmaus tragen zwei Reihen winziger, aber sehr scharfer Schneidezähne, von denen die meisten rote Spitzen haben; sie dienen zum Halten und Zerkauen der Beute. Die Vorderzähne liegen flach und machen die Schnauze sogar noch länger. Mit den Zähnen kann die Spitzmaus Regenwürmer und Insekten zerkauen, sie aber auch beim Kampf einsetzen.

▼ 4. Die seitlichen rötlichen Stellen auf dem Pelz der Waldspitzmaus bedecken Duftdrüsen, die vermutlich jedem Tier eine eigene Duftnote verleihen. Wenn Spitzmäuse sich treffen, quieken sie und beschnüffeln einander überall. Der Duft hilft wahrscheinlich, die Familie von Fremden zu unterscheiden.

➤ 2. Weil sie so klein ist, muss die Spitzmaus alle paar Stunden, Tag und Nacht, fressen, um die Körpertemperatur halten zu können. Deshalb haben sie abwechselnd Phasen der Ruhe und der Aktivität. Diese hier gräbt ihre Nase in die weiche Erde und schnüffelt nach einem Käfer oder Regenwurm.

▼ 5. Die Waldspitzmäuse paaren sich im Frühling und Sommer; bei zwei oder drei Würfen pro Jahr kommen vier bis acht Junge zur Welt. Die Babys sind winzig – ein Wurf von vier Kleinen würde bei der Geburt weniger als 1 g wiegen. Die Jungen (achte auf den behaarten Schwanz) wachsen und reifen schnell. Viele von ihnen leben nicht länger als ein Jahr.

Die Rauchschwalbe

Rauchschwalben und die verwandten Felsenschwalben sind gesellige Vögel, die in Schwärmen fliegen und in Kolonien auf Felsen oder an Gebäuden brüten. Du wirst selten eine allein sehen. Sie ernähren sich von Insekten, die sie in der Luft fangen, sodass sie über deinem Garten hin und her fliegen, aber nie landen werden. Ihr Nest bauen die Rauchschwalben am Hausdach oder unter der Dachrinne. Wenn du einen Teich oder einen Bachlauf im Garten hast, kommen sie herunter, um zu trinken oder Schlamm für ihr Nest zu holen. Im Herbst fliegen sie in den Süden, um den Winter in Südafrika zu verbringen. In der Luft sehen sie für jeden, von unten betrachtet, einfach schwarz und weiß aus. Aber aus der Nähe sind Rauchschwalben ganz überraschend bunt mit dunkelblauem Rücken, weißer Unterseite und roten Flecken auf der Stirn und an der Kehle. Sie fliegen schnell mit ausgebreiteten Flügeln und Schwanz und nutzen den Aufwind über Bäumen, Felsen und Gebäuden. Sie ernähren sich im Flug, indem sie herabstoßen, um fliegende Insekten zu fangen, die ihre Hauptnahrung sind (rechts).

▲ 1. Die Rauchschwalbe fliegt mit offenem Schnabel und stößt inmitten von Mückenschwärmen und anderen Fluginsekten zurück und vor, wobei sie sie mit ihrem klebrigen Speichel fängt. Warme Abende sind die beste Zeit für die Jagd. Bei kaltem Wetter, wenn weniger Insekten fliegen, können die Vögel Hunger leiden.

▲ 2. Während eines kurzen Fluges von wenigen Minuten an einem schönen Sommerabend kann eine Rauchschwalbe Dutzende von winzigen Insekten fangen; hinzu kommen größere Flugkäfer, Wespen, Florfliegen, Schwärmer und Libellen. Der Vogel kann die Insekten selbst fressen oder damit den Schnabel füllen, um seine Jungen zu füttern.

➤ 4. In Dörfern und Vororten, wo es reichlich Insekten gibt, nisten Rauchschwalben oft unter Dachrinnen, manchmal inmitten von Dachsparren von Ställen und Scheunen. Das Weibchen brütet die Eier und beide Eltern füttern die Babys. Ein Schwalbenpaar kann zwei bis drei Bruten von je fünf oder sechs Jungen pro Jahr aufziehen.

▼ 3. Die Rauchschwalbe baut ihr Nest aus Lehm. Nach den Frühjahrsregen versammeln sich die Vögel an Pfützen, um mit dem Schnabel den weichen Schlamm aufzunehmen. Daraus formen sie an Bäumen, Felsen oder Gebäuden Nester. Das Männchen sammelt meistens das Material, das Weibchen bringt es in Form oder baut ein altes Nest um.

▲ 5. Mitte Herbst ist die Brutzeit vorbei und die Rauchschwalben, jung und alt, versammeln sich zu Schwärmen von Dutzenden oder Hunderten. Du kannst sie oft auf Telefondrähten sitzen sehen, wo sie sich für ihren langen Flug in den Süden sammeln. Wenn die Rauchschwalben wegfliegen, ist das ein sicheres Zeichen, dass der Sommer vorbei ist.

Die Türkentaube

Vor etwa hundert Jahren waren diese hübschen rosa-grauen Vögel in Asien sehr häufig anzutreffen, aber in Europa fast unbekannt. Anfang bis Mitte des 20. Jahrhunderts haben sie sich in Richtung Westen ausgebreitet und sind heute auf Feldern und in Gärten in ganz Europa zu finden. Wenn ein Taubenpaar beschließt, in deinem Garten zu leben, bleibt es wahrscheinlich das ganze Jahr hier. Gewöhnlich wirst du beide immer zusammen sehen. Sie scheinen die Gesellschaft des anderen zu mögen und bleiben auch beim Fressen in Blickkontakt. Sie suchen am Boden nach Nahrung, laufen dabei auf dem Rasen und in Blumenbeeten herum und picken Gras, Samen und kleine Insekten auf. Die Türkentauben lassen sich hoch oben nieder, oft auf dem Hausdach oder auf den hohen Ästen eines Baumes (großes Bild). Von da oben rufen sie ihr charakteristisches dreifaches Gurren »koo-koo-kuck-kuck«. Damit sagen sie anderen Türkentauben, dass hier schon ein Paar wohnt. In der Balzzeit fliegen beide dicht beieinander, steigen hoch und hinab mit gleichem Flügelschlag. Beim Nestbau bringt das Männchen Zweige und Grashalme, die das Weibchen richtig platziert.

➤ 1. Das sanfte, wiederholende Gurren klingt beschwichtigend und Taubenpaare in der Nachbarschaft antworten zurück. Aber für Fremde bedeutet es eine Warnung – wenn sie in einem bereits abgesteckten Revier landen, werden sie angegriffen und bekommen Schnabelhiebe.

➤ 3. Beide Eltern füttern die Jungen, anfangs mit »Kropfmilch«, einem käseartigen Brei aus dem Kropf, dann mit Samen und anderen Pflanzenteilen. Beim Schlüpfen sind die Jungen nackt und blind, wachsen aber sehr schnell heran. Nach etwa drei Wochen können sie ihre ersten Flugerfahrungen machen.

➤ 5. Die Türkentauben sind friedliche, anspruchslose Vögel, die sich schnell an Menschen gewöhnt haben. Sie können recht zahm werden, besonders, wenn du sie im Winter mit Brot oder Sämereien fütterst.

▼ 4. Nach dem Verlassen des Nestes folgen die Jungvögel eine Woche oder länger ihren Eltern, die sie weiterhin füttern. Aber gleichzeitig lernen sie, wie man Nahrung findet und sie selbst sammelt. Schließlich fliegen sie weg oder die Eltern vertreiben sie.

▲ 2. Die Eltern arbeiten beim Nestbau zusammen. Das Männchen besorgt gewöhnlich Zweige und Äste, während das Weibchen darauf sitzt und sie umschichtet. Aber das fertige Nest ist nichts anderes als ein Haufen aus Zweigen, auf dem gerade zwei weiße Eier Platz haben. Beide Eltern brüten insgesamt zwei Wochen.

Wälder in Europa

Große Flächen Europas sind von Wald bedeckt. Noch vor einigen hundert Jahren erstreckten sich riesige Wälder über den Kontinent von Westen nach Osten, von der Atlantik- und Nordseeküste bis Polen, und von Norden nach Süden, vom Baltischen Meer fast bis zum Mittelmeer. Fichte, Kiefer und Birke wuchsen im kalten Norden, Eiche, Esche und Ulme in mittleren Regionen und Oliven, Kastanien sowie andere Arten im warmen, trockenen Klima des Südens. Nachdem sich die Menschen in Europa über Jahrhunderte immer mehr ausgebreitet hatten, wurde viel Holz zum Hausbau und zum Heizen benötigt. Aus diesen Anfängen entwickelten sich Dörfer und Städte. Außerdem wurden Wälder gerodet, um Ackerland zu gewinnen. Übrig blieben die heutigen, kleineren Wälder. Nicht alle sind ursprünglich Waldgebiete gewesen. Viele wurden in den vergangenen zwei- oder dreihundert Jahren aufgeforstet, manche zur Holzgewinnung, andere, um Rehen, Hirschen und anderem Wild, Raum zu bieten. Wälder bieten Lebensraum für viele hundert Arten von Pflanzen und Tieren. In diesem Buch werden zwölf Tiere aus den europäischen Wäldern vorgestellt. Manche sind scheu und schwer zu entdecken, manche könnt ihr hören, aber selten sehen, während andere einfacher zu beobachten sind. Wenn ihr sie im Wald entdecken wollt, ist es hilfreich, einige ihrer Verhaltensweisen zu kennen. Dabei ist dieses Buch eine Hilfe.

Der Steinkauz

Diese winzige Eule hat nur eine Körperlänge von 22 cm. Der Steinkauz ist kleiner als die meisten Eulen, aber etwas größer als die kleinsten Arten. Er kommt in Mittel- und Südeuropa vor, aber auch in Asien, Arabien und Nordafrika. Er ist an seinem dicken, rundlichen Körper und relativ großen Kopf zu erkennen und sieht wie ein nettes Spielzeug aus. In manchen Ländern werden Steinkäuze gefangen und als Haustiere erzogen.

Im antiken Griechenland galten die Eulen der Göttin Athene als heilig. Aber wie alle anderen Eulen ist auch der Steinkauz ein gefürchteter Räuber mit scharfen Krallen und kräftigem Schnabel. Er ist nicht immer so freundlich wie zum eigenen Partner und zu seinen Jungen. Er lebt in Wäldern und am Waldrand, wo er viel Platz hat, um von Baum zu Baum zu fliegen und nach Beute Ausschau zu halten.

▲ 1. Steinkäuze jagen oft am Tag. In Waldnähe kannst du nach einem kleinen Vogel mit deutlich gestreiftem, graubraunem Federkleid, einem kurzen, dicken Körper und spitz zulaufenden Flügeln Ausschau halten. Vielleicht siehst du sie zwischen den Bäumen hin und her flattern oder sich auf einen Ast niederlassen.

▼ 3. Für den Nestbau sucht der Steinkauz einen hohlen Baum oder ein Loch in Felsen oder Mauer. Männchen und Weibchen locken sich mit schrillen Rufen an. Das Weibchen legt drei bis fünf runde, weiße oder cremefarbene Eier. Das Männchen hält Wache und holt Futter, während das Weibchen vier Wochen brütet.

▲ 4. Die Jungen schlüpfen innerhalb einiger Tage, sodass die ältesten schon gefüttert werden und bereits wachsen, wenn die letzten ausschlüpfen. Gibt es reichlich Nahrung, überleben alle Jungvögel. Ist das Futter jedoch knapp, können die Jungvögel auch sterben.

► 2. Achte auf einen Steinkauz, der auf einem Baumstumpf oder einem Pfosten sitzt und mit weit geöffneten Augen sowie aufgerichtetem Kopf den Boden genau beobachtet. Wenn er hört oder sieht, dass sich unten etwas bewegt, gleitet er geräuschlos nach unten und stürzt sich auf die Beute, die er mit seinen scharfen, gebogenen Krallen packt und festhält.

▼ 5. Der Steinkauz benützt seine Augen und Ohren, um seine Beute zu jagen. Dazu gehören Regenwürmer, Insekten, Mäuse und Ratten. Die meisten davon fängt er am Boden. Kleine Vögel und Fluginsekten kann er auch in der Luft fangen. Vögel, Mäuse und Ratten werden getötet, enthäutet und mithilfe des Schnabels und der Krallen in Stücke geteilt.

Das Reh

Rehe kommen sowohl bei uns als auch fast in ganz Europa häufig vor. Dieses hier ist ca. 75 cm groß. Rehe leben in Wäldern und großen Parks in kleinen Familien: ein Weibchen (Ricke oder Geiß) mit Jungen (Kitzen) und ein Männchen (Bock). Du wirst sie nicht oft sehen. Sie sind sehr ruhig und scheu und gehen jedem aus dem Weg; sie fressen am Abend oder am frühen Morgen. Sie verschwinden leise ins Unterholz, wenn Menschen oder Hunde in der Nähe sind. Manchmal kannst du ein Reh wie einen Hund bellen hören. Das ist ein Signal, um die anderen vor Gefahr zu warnen. Nur Böcke tragen ein kurzes Geweih, das im November abgeworfen wird und zwischen Dezember und Mai wieder wächst. Dieser Bock und die Ricke, die im Wald eine Spur verfolgen, haben Gefahr gewittert und sind „erstarrt". Sie stehen vollkommen still, beobachten und horchen und beschnuppern die Luft. Vielleicht sind noch zwei oder drei Paare in der Nähe. Schon im nächsten Augenblick können sie sich abwenden und verschwinden. Sie springen davon und du kannst sie kaum hören.

▼ 1. Ausgewachsene Ricken sind kleiner und leichter als die Böcke. Im Winter haben beide ein dickes, dunkles Fell, das sie zwischen den Bäumen fast unsichtbar macht. Weiße Flecken um den Schwanz sehen wie helles Licht aus, wenn sie vor Gefahr davonlaufen. Diese »Blume« dient als Warnzeichen. Andere Rehe drehen sich um und rennen ebenfalls davon.

▲ 3. Ende Mai oder Juni sucht die Ricke einen trockenen, versteckten Platz im Gebüsch und zertritt das hohe Gras zu einem Nest. Sie bringt ein bis zwei Junge (Kitze) zur Welt. Die gefleckten, dünnbeinigen Jungen können fast sofort aufstehen und gehen. In den ersten zwei Wochen sind sie durch Füchse und andere Räuber stark gefährdet.

▼ 5. Die Böcke bekommen jedes Jahr ein neues Geweih. Im Dezember erscheinen auf der Stirn knöcherne Knöpfe, die sich verlängern (a). Diese sind von einer dicht behaarten Haut bedeckt, die man als »Bast« bezeichnet (b). Sie wachsen weiter bis April oder Mai, dann trocknet diese Haut ab, löst sich in Fetzen ab, bis die Knochenstangen frei liegen. (c) Im November wird das Geweih abgeworfen und beginnt einige Wochen später wieder zu wachsen. Ein- und zweijährige Böcke tragen nur kleine Geweihe.

▼ 2. Rehe paaren sich im Hochsommer. Jeder Bock sucht ein Stück Land aus und markiert es ringförmig, indem er mit seinem Geweih die Rinde der Baumstämme in der Umgebung zerfetzt (fegt). Wenn das Weibchen zur Paarung bereit ist, lässt es sich in Kreisen oder in achtförmigen Schleifen um das Revier jagen.

▲ 4. Die Mutter säugt die Kitze. Innerhalb von wenigen Wochen können sie bereits Gras und saftige junge Triebe der Bäume und Sträucher fressen. Aber viele sterben im ersten Winter, besonders wenn dieser sehr streng ist und es nur wenig Nahrung gibt. Wenn sie überlebt haben, sind sie mit einem Jahr fast ausgewachsen und haben ein glattes und nicht mehr geflecktes Fell.

Die Nachtigall

An warmen Frühlingsabenden, wenn die meisten Vögel nicht mehr singen und schlafen gegangen sind, kannst du aus einem Waldstück flötenden Gesang hören. Ähnlich dem Gesang der Drossel und Amsel, aber tiefer und komplizierter, ist er in der Abendluft ganz weit zu hören. Du kannst fast sicher sein, dass es sich um eine Nachtigall handelt. Sie singt teilweise am Tag, aber du hörst sie am besten in der Dunkelheit, wenn andere Vögel still sind. Der Sänger (gewöhnlich singt immer nur einer) ist ein Männchen, das gerade aus Afrika zurückgekommen ist, wo es überwintert hat. Jetzt hat es in einem Waldstück sein Heim gefunden. Sein Gesang, oft auf einem großen Strauch sitzend geträllert, erzählt den vorbeifliegenden Weibchen, dass es eine Frau sucht, und warnt andere Männchen, die in sein Revier wollen.

▼ 1. Die Nachtigall bleibt in Europa jedes Jahr nur so lange, bis sie ihre Brut aufgezogen hat. Im August fliegt sie in den Süden bis nach Nordafrika und kehrt im April oder Anfang Mai wieder zurück. Oft kommen sie an ihre alten Brutplätze zurück und singen auf dem gleichen Strauch wie im vergangenen Jahr.

▲ 3. Sie kehren aus Afrika zurück, nachdem der Schnee geschmolzen ist und wenn die Luft und der Boden sich erwärmen. Das Weibchen baut ein Nest, meist im dichten Unterholz nahe dem Boden. Sie legt vier oder fünf olivgrüne Eier, die es zwei Wochen bebrütet.

▼ 2. Wenn du herausfindest, woher der Gesang kommt, kannst du einen kleinen, rötlich braunen Vogel mit weißer Brust und Kehle sehen. Die Nachtigallen sind schwer zu beobachten. Sie halten sich ganz scheu in den dichtesten Teilen des Waldes auf und scharren unter Sträuchern und im Gras nach Regenwürmern und Insekten.

➤ 4. Wenn die Eier im Nest sind, wirbt das Männchen nicht mehr und der Gesang hört auf. Sobald die Jungen ausschlüpfen, sind beide Eltern damit beschäftigt, Nahrung für ihre schnell wachsenden Nestlinge zu finden. Es dauert etwa drei Wochen, bis das erste Federkleid gewachsen ist und sie das Nest verlassen. Nach ein bis zwei weiteren Wochen fliegen sie endgültig weg.

▼ 5. In der Mitte des Sommers kannst du in den Wäldern vielleicht junge Nachtigallen sehen, die fast so groß wie ihre Eltern sind, aber eine gefleckte Brust und Kehle haben. Auch sie halten sich im Dickicht auf. Die Eltern und die Jungvögel verbringen den Rest des Sommers mit Fressen, um Fett für die lange Reise nach Afrika anzusetzen.

Die Haselmaus

Die Haselmaus ist ein häufig vorkommender Waldbewohner, man bekommt sie aber nur sehr selten zu Gesicht. Wie andere Mäuse auch sind sie klein – die Kopf-Rumpf-Länge beträgt etwa 7 cm, der Schwanz ist fast genauso lang. Sie lebt in Wäldern und dichten Hecken in ganz Europa, nicht aber in Irland, Schottland und Nordskandinavien. Verbreitet lebt sie auch in Südwestasien. Ihren deutschen Namen verdankt diese kleine Maus ihrer Vorliebe für Haselnüsse. In der Nähe dieser Sträucher findet man sie deshalb häufig. Sie mag auch Bucheckern, frische Triebe und Beeren. Obwohl sie sich hauptsächlich pflanzlich ernährt, frisst die Haselmaus gelegentlich auch Insekten. Die Paarung findet im Mai und Juni statt; aus Gras und Blättern baut sie ein Kugelnest, in dem das Weibchen pro Wurf drei bis vier Junge aufzieht. Nach sechs Wochen haben die Kleinen ihre volle Größe erreicht.

▼ 2. Die Haselmaus baut in Sträuchern und niedrigen Bäumen ein Nest, in dem sie tagsüber schläft. In der Dunkelheit wird sie aktiv, um Nahrung zu suchen. Diese hier ist gerade aufgewacht. Bald wird sie herausspringen und davonlaufen.

▲ 1. Verglichen mit der Haus- oder Waldmaus sind die Ohren der Haselmaus kleiner und rundlicher, das Fell ist mehr goldbraun, die Augen sind so groß wie schwarze Perlen. Der kurze Schwanz ist dick und behaart.

▼ 5. Die Haselmaus verschläft den Winter. Im Spätherbst, wenn die Tage kälter werden, setzt sie Fett an und baut sich ein Winterschlafnest am oder im Boden. Sie rollt sich zusammen und schläft die nächsten Wochen ganz tief. Gelegentlich wacht sie auf, um etwas zu fressen und herumzulaufen, dann kommt sie zurück und schläft bis zum Frühjahr weiter.

▼ 3. Da die Haselmaus an den tiefsten und dichtesten Stellen der Wälder lebt, ist sie sehr schwer zu beobachten. Anhand von markierten Tieren, die man öfter gefangen hat, konnten Wissenschaftler feststellen, dass diese Maus innerhalb begrenzter Bereiche Futter sucht und dabei immer wieder den gleichen Wegen folgt, um Nahrung zu finden.

► 4. Die Füße der Haselmaus sind bestens ausgestattet für ein Leben am Boden, zum Klettern und Krabbeln im Gebüsch und auf Bäumen. Schmale Pfoten mit langen Fingern und Zehen, scharfe Klauen und gut gepolsterte Sohlen helfen ihr, nach schlanken Trieben und Ästen zu greifen und sich daran festzuhalten.

Der Waldbaumläufer

Genau wie der Kleiber (siehe Seite 52–53) ist auch dieser kleine Vogel meistens an Stämmen von Waldbäumen zu sehen, wo er fleißig nach Insekten sucht. Der Waldbaumläufer ist etwas kleiner als der Kleiber, hat einen längeren, nach unten gebogenen Schnabel und ein eher braunes als graues Federkleid. Aber seine Gewohnheiten sind ähnlich; er flitzt die Baumstämme genauso hinauf und hinunter. Fast wie ein Zwilling gleicht ihm der Gartenbaumläufer, sodass man die beiden kaum voneinander unterscheiden kann. Der Waldbaumläufer kommt in geschlossenen Misch- und Gebirgswäldern vor. Der Gartenbaumläufer hingegen bevorzugt niedere Lagen. In Ost- und Mitteleuropa findet man beide Arten, in Spanien, Westfrankreich und den Niederlanden lebt nur der Gartenbaumläufer, in Großbritannien und Skandinavien hingegen der Waldbaumläufer. Beide Arten bewohnen ähnliche Lebensräume und haben auch ähnliche Lebensweisen.

▲ 2. Der lange, nach unten gebogene Schnabel ist wie eine Pinzette, gerade richtig, um zwischen den Flechten und anderen winzigen Pflanzen, die auf der Rinde wachsen, nach kleinen Insekten zu suchen. Baumläufer können an alten Mauern und Felsen Nahrung finden.

▲ 1. Während du einen Baumläufer an einem Baumstamm beobachtest, scheint er plötzlich zu verschwinden. Wo ist er geblieben? Er ist immer noch da, aber »erstarrt« – völlig bewegungslos und fast unsichtbar. In wenigen Sekunden wird er sich entspannen und sich wieder bewegen.

◄ 3. Er nistet an Baumstämmen, in Hohlräumen unter der Rinde, gelegentlich auch in Gebäuden. Die Eltern bauen das Nest zusammen – aus trockenem Gras, das mit weichen Federn oder Daunen ausgekleidet wird. Das Weibchen legt fünf oder sechs weiße Eier mit feinen rötlichen Punkten. Nach etwa zwei Wochen schlüpfen die Jungen aus. Für fünf oder sechs Nestlinge müssen die Eltern sehr viel Nahrung herbeischaffen.

▼ 5. Der Baumläufer jagt ganz systematisch. Er beginnt am Grund eines Baumes und klettert den Stamm langsam spiralförmig hoch. Dann fliegt er nach unten, um an einem anderen Baumstamm Nahrung zu suchen. Das Muster verhindert, dass er innerhalb von kurzer Zeit auf demselben Baum jagt.

▼ 4. Die Jungen, die von den Eltern mit Insekten, Spinnen und Samen gefüttert werden, wachsen sehr schnell. Nach zwei bis drei Wochen verlassen sie das Nest, aber sie werden dann oft noch einige Tage gefüttert. Gibt es ausreichend Nahrung, können die Eltern eine zweite Brut aufziehen, bevor der Winter kommt.

Die Saatkrähe

Du merkst immer, wenn Saatkrähen in der Nähe sind. Die großen, schwarzen Vögel mit den kurzen Beinen und dem stämmigen Körper sind sehr gesellig. Sie schließen sich zu Gruppen von einigen Dutzend, manchmal mehreren hundert, zusammen und jagen und fliegen gemeinsam; dabei krähen sie unaufhörlich, um sich zu verständigen. Sie leben das ganze Jahr in denselben Gebieten, brüten in Kolonien hoch in den Bäumen und suchen ganz in der Nähe nach Nahrung. Saatkrähen haben sich der Lebensweise von Menschen gut angepasst. Die ursprünglich in Wäldern lebenden Vögel brüten heute eher in Baumgruppen oder auf einzelnen Bäumen, die am Feldrand stehen. Manche Kolonien kommen bis in die Städte und Parkanlagen. Sie fressen aus Abfalleimern, Aas in Gärten und holen sich tote Hasen oder andere Tiere, die auf den Straßen überfahren wurden.

▼ 2. Sie brüten in Kolonien hoch oben in Laubbäumen. Im zeitigen Frühjahr sammeln sich die Vögel an ihren alten Brutplätzen, übernehmen die alten Nester oder erneuern sie mit Stöckchen. Sie beginnen zu brüten, bevor der Baum seine Blätter bekommt, sodass du die Vögel beim Nestbau und bei der Werbung um die Weibchen leicht beobachten und jedes Jahr die Nester zählen kannst.

▲ 1. Die Saatkrähe hat ein glänzend schwarzes Federkleid, das oft einen bläulichen oder violetten Schimmer hat. Der Schnabel ist grau und unterscheidet sie von Raben und Dohlen, ihren nächsten Verwandten. Die Jungvögel haben ganz schwarze Gesichter, die erwachsenen Vögel eine graue Hautstelle an der Kehle.

▼ 3. Es gibt Krähenkolonien in verschiedenen Größen, von einem Dutzend bis zu mehreren tausend Nestern. Zwischen dem Nestbau und der Brautwerbung fliegen die Saatkrähen auf die Felder in der Nachbarschaft, um Futter zu suchen. Mit dem kräftigen Schnabel picken sie Insekten, Würmer und Samen vom Boden.

➤ 4. Im März sind die Nester mit Gras oder Blättern ausgekleidet. Das Weibchen legt vier bis sechs blassgrüne oder bläuliche Eier hinein, die sie etwa 18 Tage allein bebrütet. Das Männchen verteidigt das Nest gegen Eindringlinge und bringt seiner Frau Futter. Die Nestlinge werden von beiden Eltern gefüttert.

▲ 5. Du kannst manchmal beobachten, dass Saatkrähen mit ausgebreiteten Flügeln auf dem Boden sitzen, Ameisen aufpicken und sie zwischen ihren Federn platzieren. Warum tun sie das? Wir wissen es nicht, aber bestimmte Flüssigkeiten, die Ameisen absondern, halten möglicherweise Läuse, Zecken und andere Hautparasiten in Grenzen.

Der Rotfuchs

Der Rotfuchs sieht wie ein rötlich brauner Terrier mit einem langen, buschigen Schwanz aus. Ganz rechts siehst du ein Männchen (Rüde) von etwa 1 m Gesamtlänge (von der Nasen- bis zur Schwanzspitze) und etwa 6,5 kg Gewicht im Sommer, im Winter etwas weniger. Neben ihm sitzt das Weibchen (Fähe), das etwas kleiner ist. Es ist Frühsommer, sodass sie sich in einem guten Zustand befinden. Sie verlassen gerade ihren Bau und gehen auf die Jagd. Drinnen warten ihre drei Jungen (Welpen) auf das Essen, das die Eltern nach Hause bringen werden. Rotfüchse sind intelligent, lernen schnell und haben ein gutes Gedächtnis. Sie werden nach Echsen, kleinen Vögeln, Mäusen und Ratten Ausschau halten. Wenn sie tote Tiere finden, fressen sie auch diese. Letzten Winter wären sie fast verhungert und waren froh, als sie aus dem kalten Boden Käfer, Regenwürmer und Beeren ausgraben konnten.

▲ 1. Jeder Fuchs hat ein Revier, das er sehr gut kennt. Er findet und merkt sich Stellen, die gute Möglichkeiten für Nahrungssuche bieten. Vor einem Monat lagen vier Eier in einem Nest auf diesem umgefallenen Baum. Gibt es inzwischen vielleicht wieder welche? Es lohnt sich nachzusehen.

▼ 3. Drei halbwüchsige Jungen warten vor dem Bau. Normalerweise sind sie sehr verspielt, sie tollen und kämpfen miteinander, knurren fürchterlich und ziehen sich gegenseitig an den Ohren und Schwänzen. Aber jetzt sind sie hungrig und warten auf die Eltern, dass sie ihnen etwas zum Fressen bringen.

▲ 4. Dieses Männchen hat in einem Weizenfeld ein Rebhuhn entdeckt und es gepackt, bevor es wegfliegen konnte. Der Fuchs ist hungrig, aber er will die Beute zu seinem Bau bringen und sie mit den hungrigen Jungen teilen.

▲ 2. Füchse lernen, dass viele Säugetiere nachts herauskommen, um zu fressen, sodass sie ebenfalls nachts jagen. Dieser Fuchs setzte seinen guten Geruchssinn ein und beschnüffelt einen Weg, auf dem vor einigen Minuten eine Ratte vorbeigelaufen ist. Sogar im Mondschein kann er für seine Bedürfnisse genug sehen.

➤ 5. Dieser Fuchs saß eineinhalb Stunden mit gespitzten Ohren vor einem Tunnel im Gras, in den manchmal Feldmäuse hineinlaufen. Das Warten hat sich gelohnt. Als eine Maus in den Gang flitzen will, stürzt er sich gleich mit seinen Vorderpfoten auf sie. Zunächst hat er sie verfehlt, aber er greift gleich wieder an. Nun hat er sie gefangen und die Maus kann nicht mehr entkommen.

Der Kleinspecht

Hier ist ein weiterer Vogel, den du wie die Nachtigall wahrscheinlich zuerst hören wirst, bevor du ihn siehst. Spechte ernähren sich von Insektenlarven, die sie aus der Rinde alter Bäume herauspicken. Sie schlagen mit dem Schnabel ganz heftig auf die Rinde – das klingt wie schnelles Hämmern. Mit der Zunge holen sie dann die Maden heraus. In den Wäldern Europas leben acht oder neun verschiedene Spechtarten. Dies hier ist ein Kleinspecht. In Mittel- und Südeuropa sind Spechte das ganze Jahr anzutreffen, aber du wirst sie meistens im Frühjahr hören. Wenn du ein Klopfen wahrnimmst, das sich wie das Hämmern eines Zimmermanns anhört, dann geh ganz nah an die Bäume heran. Vielleicht siehst du einen Kleinspecht bei der Arbeit, wie er sich an einem Stamm festhält und auf die Rinde klopft. Das hier ist ein Männchen mit einer leuchtend roten Kopfkappe. Weibchen haben eine graue oder schwarze Kappe und fallen kaum auf.

▲ 1. Spechte klettern an Baumstämmen auf und ab und herum, suchen nach kleinen Löchern, die bestimmte Insekten gebohrt haben. Dann halten sie sich mit den scharfen Krallen fest und beginnen zu hämmern, um das Loch zu vergrößern und die darunter liegenden Larven finden zu können. Das Klopfen kann auch eine Warnung für andere Spechte sein, sich fernzuhalten.

▲ 3. Wenn ein Loch durch das Hämmern vergrößert wurde, steckt der Specht seine lange, schlanke Zunge hinein, um die Larve zu finden und herauszuholen. Die Knochen und Muskeln, die die Zunge bewegen, umgeben den Schädel des Vogels auf beiden Seiten. Kein anderer Vogel hat eine solche Zunge wie der Specht.

▼ 4. Spechte brüten in Löchern, gewöhnlich in alten Bäumen, vergrößern oft ein Loch, aus dem sie die Larven geholt haben, indem sie das weiche Holz innen aushöhlen. Das Weibchen legt zwischen April und Juni vier bis sechs weiße Eier. Beide Eltern brüten abwechselnd. Nach zwei Wochen schlüpfen die Jungen aus, die noch drei Wochen lang im Nest gefüttert werden.

➤ 2. Wenn der Specht sich beim Fressen mit seinen Krallen an der Rinde festhält, dienen die steifen Schwanzfedern als Stütze. Es ist kein Wunder, dass sie stark abgenutzt aussehen und jedes Jahr wie auch die anderen Federn erneuert werden.

➤ 5. Du wirst sicherlich ein Nest entdecken, wenn du Specht-Eltern mit Futter hin- und her- fliegen siehst. Manchmal wirst du hören, wie die Nestlinge rufen. Wenn sie größer werden, stecken sie ihre Köpfe heraus, damit die Eltern sie füttern. Solltest du zufällig an dem Tag der ersten Flugversuche da sein, kannst du sie leise dabei beobachten, auch wie sie nacheinander aus dem Nestloch herauskommen.

Der Maulwurf

Hier sieht man ein sehr häufig vorkommendes Tier der Wälder und Felder. Es gibt Millionen davon und jedermann weiß, dass sie da sind, aber nur sehr selten wird jemand sie sehen oder hören. Warum? Weil es sich um Maulwürfe handelt, die fast ausschließlich unter der Erde leben. Das kleine Tier wiegt nur etwa 100 Gramm, hat einen kurzen, stämmigen Körper und einen kleinen Schwanz. Der Maulwurf kommt in ganz Europa vor, außer in Irland, Skandinavien, Südspanien und einigen Gebieten Italiens und Griechenlands, aber auch in Asien. Er ist immer hungrig und muss mehrere Male am Tag fressen. Er ernährt sich hauptsächlich von Regenwürmern, Bodeninsekten sowie Maden und frisst jeden Tag mehr als die Hälfte seines eigenen Gewichts, um am Leben zu bleiben. Deshalb lebt der Maulwurf in guten Böden, die nicht zu nass, zu trocken oder zu kalt für Regenwürmer und andere Beutetiere sein dürfen, damit der Maulwurf reichlich Nahrung vorfindet.

▲ 1. Das kurze Samtfell, die winzigen Augen, der wurstförmige Körper und die kräftigen Vorderfüße bedeuten Anpassung an ein Leben unter der Erde. Der Maulwurf hat keine äußeren Ohren und der Schwanz ist ein kurzer Stummel, der hinten am Körper hängt. Im Mund hat er eine Reihe Furcht erregender Zähne, mit denen er die Nahrung zerkleinert und zerkaut.

▲ 2. So erkennst du, dass Maulwürfe in der Nähe sind. Sie graben ihre Gänge etwa 25 cm tief, manchmal auch tiefer, unter der Erdoberfläche und schieben die überschüssige Erde nach oben, wobei die Maulwurfshügel entstehen. In den Wäldern graben die Tiere in Lichtungen und entlang der Wege, wo es weniger Baumwurzeln gibt.

➤ 4. Die großen, schaufelförmigen Vorderfüße des Maulwurfs dienen zum Graben. Mit den kleineren Hinterfüßen wirft er den lockeren Aushub nach hinten. Für den Nachwuchs gräbt das Weibchen tief in den Gängen Nestkammern, die es mit trockenem Gras auskleidet. Hier bringt es drei oder vier winzige Junge zur Welt. Die meisten Babys werden im April oder Mai geboren.

▼ 5. Maulwürfe graben, um Würmer und Maden zu finden; später benützen sie die Gänge, um sich sicher fortzubewegen. Bei den seltenen Gelegenheiten, wenn sie an die Oberfläche kommen, werden sie leicht von Eulen oder anderen Räubern angegriffen. Unter der Erde ist es für sie doch sicherer.

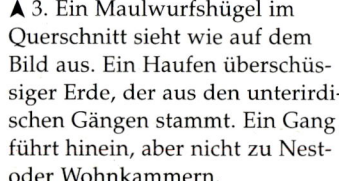

▲ 3. Ein Maulwurfshügel im Querschnitt sieht wie auf dem Bild aus. Ein Haufen überschüssiger Erde, der aus den unterirdischen Gängen stammt. Ein Gang führt hinein, aber nicht zu Nest- oder Wohnkammern.

Der Kleiber

Graue Backen, ein schwarzer Streifen quer über die Augen, ein ständiges Auf und Ab an einem Baumstamm – das kann nur ein Kleiber sein. In Nord- und Mitteleuropa gibt es nur eine Art, wenn auch die Vögel sich im Norden und Süden in der Färbung etwas unterscheiden. Die Kleiber aus den südlicheren Regionen, wie dieser hier, haben einen gelblich braunen Bauch und eine ebensolche Kehle. Die skandinavischen Artgenossen sind blasser, fast weiß. Außer im hohen Norden kommen diese Vögel überall das ganze Jahr vor. Ob Norden oder Süden, du kannst sie oft in Mischwäldern sehen, wo Nadelbäume neben Birke, Haselnuss, Eiche und anderen Laubbäumen stehen. Die Schwanzfedern des Kleibers sind kurz Aber anders als Baumläufer und Specht benützt der Kleiber sie niemals als Stütze. Der lange, spitz zulaufende Schnabel dient zur Suche nach Insekten, als Hammer zum Nüsse knacken und als Kelle zum Verputzen mit Schlamm.

▼ 2. Der Kleiber brütet in Baumhöhlen, oft in alten Baumstämmen, an denen Spechte schon früher ihre Nester gebaut hatten. Um den Eingang zu verkleinern, verklebt er die Öffnung mit Schlamm, den er mit seinem Schnabel aus Pfützen und Flussufern holt. Wenn der Schlamm fest ist, kann er noch hineinschlüpfen, größere Vögel aber nicht.

▲ 1. Kleiber geben überraschend viele unterschiedliche Laute von sich – von schrillem Pfeifen bis zu »twuittwuittwuit«-Rufen. Du kannst sie sehen, wie sie an Baumstämmen auf und nieder klettern und nach Insekten suchen. Die meisten Vogelarten, die an Stämmen Nahrung suchen, bewegen sich seitlich oder mit dem Kopf nach oben. Der Kleiber ist der einzige Vogel, der mit Kopf voran hinunterlaufen kann.

➤ 5. Im Winter gibt es in den Wäldern weniger zu fressen. In strengen Wintern fliegen viele Waldvögel, auch der Kleiber, auf die benachbarten Felder und in die Gärten, um Nahrung zu suchen. Wenn du ein Futterhäuschen aufstellst und Erdnüsse fütterst, werden Kleiber dich im Winter regelmäßig besuchen.

▼ 3. Er kleidet sein Nest mit trockenen Blättern und Rindenstücken aus. Das Weibchen legt sechs bis zehn kleine, weiße Eier mit dunkelroten Flecken und brütet etwa 14 Tage lang. Das Männchen bringt Nahrung und jagt andere Kleiber fort. Die Nestlinge bleiben weitere drei bis vier Wochen im Nest und werden von beiden Eltern gefüttert.

➤ 4. Der Kleiber wird auch Spechtmeise genannt, denn er hat oft ein ähnliches Verhalten wie Meisen, lebt aber wie ein Specht. Er ernährt sich von Nüssen, die er mit seinem Schnabel knackt, frisst auch Beeren, Raupen, Käfer und Spinnen – eine gemischte Kost, die er im Wald reichlich findet.

Das Wildkaninchen

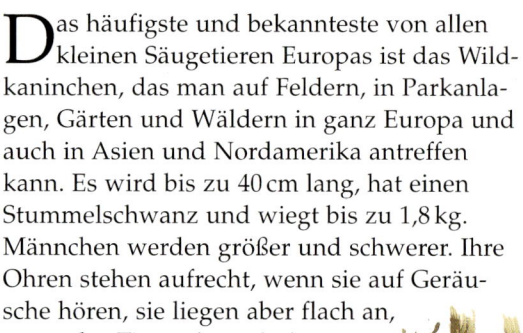

Das häufigste und bekannteste von allen kleinen Säugetieren Europas ist das Wildkaninchen, das man auf Feldern, in Parkanlagen, Gärten und Wäldern in ganz Europa und auch in Asien und Nordamerika antreffen kann. Es wird bis zu 40 cm lang, hat einen Stummelschwanz und wiegt bis zu 1,8 kg. Männchen werden größer und schwerer. Ihre Ohren stehen aufrecht, wenn sie auf Geräusche hören, sie liegen aber flach an, wenn das Tier sich niederlegt. Die großen Augen stehen weit auseinander, sodass es rundherum blicken kann. Auf offenem Gelände achten sie ständig darauf, was um sie herum los ist. Es ist schwierig, ein Wildkaninchen zu erwischen. Die wild lebenden Tiere sind graubraun gefleckt. Hauskaninchen können schwarz oder weiß, grau, einfarbig oder gefleckt sein. Wenn Hauskaninchen davonlaufen und sich mit Wildkaninchen paaren, entstehen oft die seltsamsten Farbkombinationen.

▲ 1. Wildkaninchen fühlen sich an Waldrändern am wohlsten. Sie leben in Kolonien in weit verzweigten Höhlengängen, die fünf bis mehrere tausend Tiere beherbergen können. Sie graben ihre Gänge unter Sträuchern und zwischen Baumwurzeln.

▲ 2. Auf langem Gras wird es Wildkaninchen zu nass und unbequem. Am besten ist kurzes Gras. Sie halten es kurz, indem sie es ständig abknabbern. Im Freien schauen sich Kaninchen ununterbrochen an. Wenn eines Gefahr wittert und davon rennt, gilt sein leuchtender weißer Schwanz als ein Warnzeichen für die anderen, sich sofort einen Unterschlupf zu suchen.

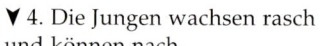

▼ 3. Sie pflanzen sich das ganze Jahr fort. Ein Weibchen kann in einem Jahr drei oder vier Würfe von je fünf oder sechs Jungen haben. Es gräbt einen Gang, in dem sie die Kleinen mehrere Stunden zurücklässt. Das Weibchen kommt immer wieder, um ihnen Milch zu geben.

▼ 4. Die Jungen wachsen rasch und können nach vier Monaten schon fortpflanzungsfähig sein. Aber Eulen, Falken, Füchse, Wiesel und Hermelin zählen zu den vielen Räubern, die sich von Jungkaninchen ernähren und so deren Zahl niedrig halten.

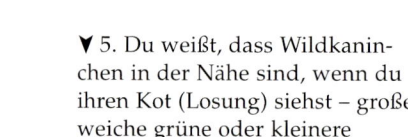

▼ 5. Du weißt, dass Wildkaninchen in der Nähe sind, wenn du ihren Kot (Losung) siehst – große, weiche grüne oder kleinere schwarze, harte Kugeln als Haufen. Die grünen Kugeln enthalten noch Nährstoffe, sodass die Kaninchen sie wieder fressen, um ihre Nahrung vollständig zu verwerten.

Die Waldohreule

Das hier ist eine viel größere Eule als der Steinkauz, der auf Seite 34–35 beschrieben wurde. Es ist die Waldohreule, die in allen Waldarten vorkommt, aber lieber auf Nadelbäumen sitzt. Anders als der Steinkauz schläft die Waldohreule am Tag und jagt nachts. Im Sommer, wenn die Tage lang und die Nächte kurz sind, kannst du mit viel Glück eine am späten Abend in der Luft sehen. Wahrscheinlich hat sie Hunger oder hungrige Jungen, die sie füttern muss. Sie flattert mit ihren weich gefiederten Flügeln geräuschlos durch die Bäume, sucht nach Ratten, Mäusen und Wühlmäusen. Trotz ihrer riesigen Augen jagt sie eher nach Gehör als mithilfe der Augen. Aber das, was wie Ohren aussieht, sind keine wirklichen Ohren – es handelt sich um Federbüschel, die als »Schmuck« dienen und mit dem Gehör nichts zu tun haben.

▼ 1. Am Tag sitzt diese männliche Waldohreule auf ihrem Lieblingsbaum möglichst nah am Stamm. Im Halbdunkel verschmelzen ihre graubraunen Federn fast mit dem Baumstamm. Aus der Entfernung würdest du sie kaum sehen, besonders wenn ihre Augen geschlossen sind.

▲ 3. Die Waldohreule jagt hauptsächlich an Waldrändern und in Lichtungen, wo sie mit ihren großen Flügeln nach unten stoßen und gleiten kann. Sie sucht und horcht nach kleinen Säugetieren und Vögeln, die sich im Unterholz befinden. Wenn sie ein Opfer erspäht hat, stößt sie mit ausgebreiteten Krallen nach unten und packt sie, bevor das Beutetier die Möglichkeit hat, sie zu entdecken.

▲ 5. Obwohl ihre großen Augen sich gut angepasst haben, um im Dunkeln zu sehen, jagt die Waldohreule hauptsächlich nach Gehör. Steife Federn auf dem Gesicht leiten die leisesten Geräusche zu ihren Ohren. Durch das Bewegen ihrer Ohrklappen kann die Waldohreule ihre Beute ganz genau ausmachen und sie ergreifen.

▼ 2. Ihre kräftigen Krallen greifen den Ast ganz fest, manchmal mit zwei Zehen nach vorne und zwei nach hinten. Ihr Gewicht hilft, um die Krallen zusammenzuhalten. So fällt der Vogel auch bei starkem Wind nicht herunter, sogar wenn er eingeschlafen ist.

▶ 4. Die Waldohreule baut selten ein Nest. Das Weibchen legt ihre vier bis acht Eier in alte Nester anderer Vögel und brütet etwa vier Wochen lang allein. Beide Eltern füttern die Kleinen, die drei bis vier Wochen nach dem Ausschlüpfen so weit sind, das Nest zu verlassen.

Flüsse und Seen

Flüsse und Seen sind Süßwasserflächen, genauso wie Bäche, Sümpfe und die künstlich angelegten Teiche. Während Seen und Teiche als stehende Gewässer von Land umgeben sind, bilden Flüsse und Bäche fließende Gewässer. Manchmal münden sie in Seen, manchmal in große Ströme, die immer weiter abwärts fließen und schließlich ans Meer gelangen. Sümpfe sind schließlich Gebiete mit nassem Boden und oft schlammigem Untergrund. Sie sind meist in der Nähe von Teichen, Seen oder Flüssen zu finden. Jeder dieser Bereiche bildet den Lebensraum für viele verschiedene Pflanzen und Tiere, die in, auf oder am Wasser leben.

Gewässer brauchen Regen, damit sie nass bleiben. Viele von ihnen sind das ganze Jahr über nass, andere können im Sommer austrocknen oder werden nur bei schweren Regenfällen überschwemmt. Manche Flächen können überfrieren, sogar ganz gefrieren, wenn der Winter sehr streng ist. Diese Wechsel sind für die Süßwassertiere nicht einfach. Aber viele schaffen es, zu überleben, und meistern jede Jahreszeit auf unterschiedliche Art. Der Mensch sorgt für dauerhaftere Veränderungen. Wenn mehr Nahrung und Häuser gebraucht werden, füllen Landwirte und Bauunternehmer Teiche auf, verändern den Lauf von Flüssen und legen Sümpfe trocken. Dadurch verlieren Tiere wie Frösche, Enten, Wasserkäfer und Fischotter, die sich nur im Wasser oder an feuchten Plätzen entwickeln können, ihre Lebensräume. Wenn wir eine Vielfalt an Tieren und Pflanzen erhalten wollen, müssen wir Gewässer und Feuchtgebiete gut schützen.

Der Graureiher

Der Graureiher kommt an Gewässern aller Art vor. Er ist ein großer, langbeiniger Vogel mit einem Federkleid in Blau- und Grautönen und einem graugelben Schnabel. Im Flug bewegt er seine Flügel langsam auf und ab, bei der Landung legt er sie schützend um seinen Körper. Meistens sieht man ihn, wie er im Uferbereich im Wasser steht, mit gespreizten Füßen, damit er sich im Schlamm besser halten kann,

auf geraden und schlanken Beinen und mit einem Schnabel wie ein Speer. So wartet er auf einen vorbeischwimmenden Fisch, Käfer oder Frosch. Jetzt hat er einen Aal gefangen. Einige Kilometer entfernt sitzt seine Partnerin auf einem Nest aus Zweigen, in dem vier weiße Eier liegen. Es ist eines von vielen Nestern auf einem einzigen Baum. Bald ist sie an der Reihe zu fischen, während er die Eier warm hält.

➤ 1. Graureiher bewegen sich in einem anmutigen und langsamen Gleitflug; dabei halten sie ihren Hals S-förmig und ziehen die Beine gerade hinter sich her. Auf Bäumen landen sie etwas ungeschickt mit gespreizten Beinen und halten sich mit ihren Krallen an den Ästen fest.

▼ 2. Dieser Graureiher hat einen Fisch erbeutet. Nun hält er ihn mit seinem sägeartig geränderten Schnabel gut fest. Dann hebt er den Schnabel in die Höhe, lockert den Griff, dreht den Fisch um und schluckt ihn mit dem Kopf voran hinunter.

▲ 4. Das Weibchen legt drei bis fünf Eier, die von den Eltern abwechselnd etwa 24 Tage bebrütet werden. Die frisch geschlüpften Jungvögel haben einen nassen Flaum, der nach dem Trocknen flauschig wird und wärmt. Sie kuscheln sich eng an ihre Eltern, besonders bei kaltem Frühlingswetter.

▼ 5. Vier noch nicht ausgewachsene Jungen, die es im Nest nicht länger aushalten. Jetzt sitzen sie mit ihren langen Beinen auf benachbarten Ästen und warten auf Nahrung – Fische oder andere kleine Tiere –, die ihre Eltern in ihren Schnäbeln herbeitragen.

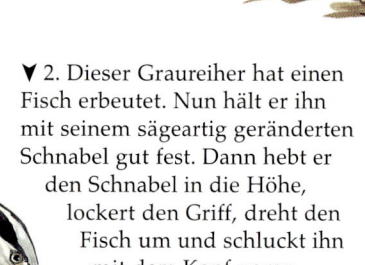

◄ 3. Im Vorfrühling wird das Nest repariert. Das Männchen bringt Zweige und Wurzeln herbei, das Weibchen schichtet sie um sich herum zu einem Haufen auf und klebt sie mit seinem eigenen Kot zusammen. Nur wenn das Nest sehr stabil ist, wird es starkem Wind standhalten.

Der Fischotter

Wasser spritzt hoch, ein kleiner Strudel entsteht: Ein glänzend braunes Tier ist in den Teich getaucht, bleibt eine halbe Minute lang verschwunden und taucht dann wenige Meter entfernt plötzlich auf. Es ist ein Fischotter, der in seinem Schlaf an der Uferböschung gestört wurde und ins Wasser flüchtete. Jetzt kommt er zurück, um nach dem Grund für die Störung zu sehen. Fischotter, nah verwandt mit Dachsen, Wieseln und Hermelinen, sind kluge, Fleisch fressende Tiere, die ihr halbes Leben im Wasser verbringen. Dort fangen sie Fische, Krebse und Wasserinsekten, an Land erbeuten sie Vögel und kleine Säugetiere. Wegen seines besonders dichten Fells wurde der Fischotter früher stark bejagt. Heute besteht die größte Bedrohung für den Fischotter in der Zerstörung seines Lebensraums: In verschmutzten Gewässern, in begradigten Flüssen mit ausgebauten Ufern kann er nicht überleben. Der Fischotter ist sehr selten geworden und steht unter strengem Schutz.

▲ 1. Dieses Männchen hat gerade einen Aal auf dem Boden des Teiches gefangen und bringt ihn ans Ufer, um ihn dort zu verspeisen.

▲ 2. Fischotter sind im Winter genauso aktiv wie im Sommer. Dieser hier hat die gefrorene Oberfläche des Teiches durchgebrochen, um zu tauchen. Er kann eine Minute oder länger unter Wasser bleiben, dann muss er nach oben kommen und Luft holen.

➤ 3. Dieses alte Weibchen zieht in der Nähe des Flussufers enge Kreise. Dadurch entsteht eine Strömung, die die Fische aus ihren Verstecken herauszieht. Wie hat das Tier diesen Trick gelernt? Niemand weiß es, aber er wird oft beobachtet und scheint zu funktionieren.

➤ 4. Am Ufer scheinen Fischotter immer in Eile zu sein. Sie laufen durch den Bewuchs und rutschen die schlammigen oder mit Gras bewachsenen Böschungen nach unten. Diese drei jungen Fischotter haben eine gute Rutschbahn gefunden und sausen im Spiel immer wieder herab.

◄ 5. Fischotter paaren sich meist im Wasser. Zwei Monate später bringt die Mutter zwei oder drei Jungen zur Welt, gewöhnlich in einem Tunnelbau am Ufer. Diese Jungen sind schon drei Monate alt und unternehmen mit viel Zureden ihre ersten Schwimmversuche.

Der Grasfrosch

In ganz Europa kann man in sauberen Teichen, Flüssen und Sümpfen noch Grasfrösche finden. Im Frühling, während der Paarungszeit, kannst du ihr Gequake hören und den Froschlaich entdecken – glibberige Klumpen mit Massen von Eiern. Meist legen viele Froschweibchen zur gleichen Zeit ihre Eier ab. Dadurch bildet sich auf dem Wasser ein Teppich aus Tausenden von Froscheiern, aus dem dann nur die Köpfe der Grasfrösche herausschauen, wie auf dem großen Bild. Die weiblichen Frösche bilden die Eier und die Männchen besamen sie im Wasser. Innerhalb weniger Tage entwickeln sich die Eier zu Kaulquappen, befreien sich von ihrer gallertartigen Hülle und schwimmen davon. Nach zwei bis vier Monaten sind die Kaulquappen zu Fröschen herangewachsen. Frösche werden im Wasser von Räubern wie Hechten, Enten und Graureihern gefangen und gefressen, an Land haben sie eine Vielzahl von Feinden, darunter Schlangen, Igel und Füchse.

▲ 1. Grasfrösche und Erdkröten ähneln sich und bewohnen beide feuchte Plätze. Aber du kannst sie leicht auseinander halten: Frösche besitzen eine weiche, glänzende Haut, die Haut der Kröten ist rau und warzig. Frösche haben lange Hinterbeine und können sehr gut springen, während Kröten viel kürzere Beine haben und nur gehen oder kriechen.

▼ 2. Grasfrösche verbringen die meiste Zeit ihres Lebens im Wasser. Sie schwimmen mit kräftigen Stößen ihrer langen Hinterbeine, die Füße mit Schwimmhäuten tragen. Oft liegen die Tiere an der Wasseroberfläche, wobei nur die Augen und Nasenlöcher zu sehen sind. Wenn ein Räuber sich nähert, verschwinden sie rasch zwischen den Wasserpflanzen.

▼ 4. Frösche ernähren sich von Schnecken, Krebstieren, Käfern, Raupen und anderen Insekten. Wenn sie ein Beutetier erspäht haben, fangen sie es mit ihrer langen klebrigen Zunge und schlucken es hinunter. Die Unterseiten der Augäpfel sind hilfreich, um die Nahrung im Schlund festzuhalten.

▼ 5. Im Laufe der Wochen wachsen den Kaulquappen Arme und Beine, und ihre Schwänze bilden sich zurück. Viele räuberisch lebende Tiere sind gefährlich für die kleinen Teichbewohner. Von den Millionen von Froscheiern bleiben nur wenige übrig, die sich zu Kaulquappen entwickeln, und noch weniger Kaulquappen leben lang genug, um zu Fröschen zu werden.

◄ 3. An Land bewegen sich Frösche manchmal kriechend fort, aber gewöhnlich hüpfen sie über den rauen Untergrund und durch das hohe Gras. Werden sie von einem Angreifer bedroht, machen sie unerwartete, hohe und weite Sprünge und bringen sich so in Sicherheit.

Die Stockente

Die Stockente, eine der häufigsten Enten Europas, lebt frei in der Natur, kommt aber auch in den Teichen der Parks und Gärten vor. Sie kann gut fliegen, an Land watscheln sowie laufen. Beim Schwimmen benutzt sie ihre Füße mit den Schwimmhäuten wie Paddeln. Sie gehört zu den »Schwimmenten«. Während »Tauchenten« minutenlang unter Wasser schwimmen können, finden Schwimmenten ihre Nahrung nur auf der Wasseroberfläche und auf dem Grund von seichten Gewässern. Daher trifft man diese Enten meistens in flachen Teichen und Flüssen sowie am Ufer von Seen an. Im Winter kann ein kleiner Teich von mehr als zehn Stockenten bewohnt werden. Im Frühling und Sommer leben in demselben Teich nur zwei oder drei Paare, die Abstand zueinander halten und den Bereich gegen alle Eindringlinge verteidigen.

➤ 1. Wie bei vielen Entenarten sind die Erpel (Männchen) viel bunter und auffälliger als die Weibchen. Die männlichen Stockenten haben im Frühling und Herbst einen leuchtend grünen Kopf und sind an Brust und Rücken kastanienbraun. Während der Mauser im Sommer verlieren sie viel an Farbe und ähneln den bräunlichen Weibchen.

⋏ 2. Stockenten sind gute Flieger, die oft in V-Form fliegen. Viele, die in gemäßigten Regionen leben, fliegen nur in der Umgebung. Aber alle, die in kälteren Gebieten brüten, legen jedes Jahr Hunderte von Kilometern zwischen den Brutplätzen und den wärmeren Gegenden zurück, wo sie überwintern.

▼ 3. Stockenten finden ihre Nahrung, indem sie am Boden flacher Teiche und Flüsse gründeln. Dabei haben sie den Kopf eingetaucht und strecken den Schnabel so weit wie möglich vor. Die Haut, die den Schnabel bedeckt, ist sehr empfindlich, sodass die Enten inmitten von Schlamm und Pflanzen leicht Würmer, Schnecken und Krebstiere aufspüren können.

▼ 4. Stockenten bilden im Herbst Paare und brüten im Frühling, wenn es reichlich Nahrung gibt. Das mit Daunen ausgelegte Nest bauen sie meist am Ufer von Gewässern, bei Überschwemmungsgefahr auch in Bäumen. Das Weibchen legt neun bis dreizehn blaugrüne Eier, auf denen sie drei oder vier Wochen allein brütet.

▼ 5. Nach dem Ausschlüpfen verlassen die gefleckten, flaumigen Küken das Nest sofort und wandern mit der Mutter zur nächsten Wasserfläche. Hier üben sie das Gründeln und lernen innerhalb von fünf bis sechs Wochen, sich allein zu ernähren. Viele Jungen werden zur Beute von Ratten, Aalen, Hechten und anderen Raubfischen.

Die Große Königslibelle

Wie Mini-Hubschrauber schweben diese großen Insekten mit dem schlanken blau-grünen Körper, den zwei Flügelpaaren und den riesigen, zusammengesetzten Augen über Süßwasserteiche und Flüsse. Die Große Königslibelle zählt zu den größten europäischen Libellenarten, wird aber nur halb so groß wie manche tropische Libelle. Libellen haben einen seltsamen Lebenskreis. Dieses leuchtend bunte Insekt, das du über eine Wasserfläche fliegen siehst, ist vermutlich erst vor einigen Tagen aus dem Wasser herausgekommen und wird schon bald sterben. Aber diese Zeit ist nur ein kleiner Ausschnitt seines ganzen Lebens. Es hat bereits zwei Jahre oder länger als käferähnliche Larve auf dem Grund eines Teiches oder Flusses verbracht. In der kurzen Zeit als fliegendes Vollinsekt entfernt es sich von seinem Gewässer, ernährt sich von anderen Insekten, die es im Flug fängt, und paart sich, um Nachwuchs zu bekommen, der den Kreislauf fortsetzt.

▲ 1. Den ganzen Sommer kannst du Libellen bei ihrem Paarungsflug beobachten. Das Männchen hält das Weibchen mit seinen Hinterleibszangen am Kopf fest und die beiden fliegen zusammen als »Paarungskette«. Dabei werden die Eier von den Samen befruchtet.

▼ 3. Die winzigen flügellosen Libellenlarven leben auf dem schlammigen Boden von Gewässern. In den zwei oder drei Jahren unter Wasser kriechen die Larven auf ständiger Suche nach Nahrung über den Schlamm und werden allmählich größer.

▼ 4. Libellenlarven ernähren sich von kleinen Tieren wie Fischen, Kaulquappen und anderen Insekten, von denen manche viel größer sind als sie selbst. Sobald sich ein Beutetier nähert, lässt die Larve die unter dem Kopf zusammengeklappte Fangmaske hervorschnellen; deren Zangen packen das Opfer und schieben es in den Mund.

▲ 2. Libellen legen ihre Eier ins Wasser oder an feuchte Stellen in der Nähe von Gewässern. Dieses Weibchen bleibt alle paar Minuten zwischen den Pflanzen stehen, um ein Ei in das Gewebe eines Stängels oder Blattes abzulegen. Nach dem Ausschlüpfen fallen die Larven ins Wasser und verbringen ihre ersten Monate im Schlamm.

➤ 5. Indem die Larven von Zeit zu Zeit ihre alte Haut abstreifen, wachsen sie langsam. Nach zwei oder drei Jahren unter Wasser kriechen die ausgewachsenen Larven, die man als »Nymphen« bezeichnet, an den Pflanzenstängeln an die Luft. Hier kommt es zur letzten Häutung. Mit ihren glänzenden neuen Flügeln erheben sich die ausgewachsenen Libellen in die Luft.

Der Dreistachlige Stichling

Stichlinge sind kleine Fische mit spitzen knöchernen Stacheln auf dem Rücken. Die Stacheln, die sich aus der langen Rückenflosse entwickelt haben, sollen sie davor bewahren, von anderen Fischen gefressen zu werden, was aber nicht immer klappt. Manche Arten haben zehn, manche 15 Stacheln, der Dreistachlige Stichling besitzt nur drei Stacheln auf dem Rücken und lange, stachelige Bauchflossen. Er lebt hauptsächlich im Süßwasser, aber auch im Meer, wo er vor allem in Küstennähe vorkommt. Stichlinge ernähren sich von Insektenlarven, Krebstieren, Schnecken und anderen kleinen Tieren. Sie selbst werden trotz ihrer Stacheln von größeren Fischen und von räuberischen Vögeln wie Kormoranen und Eisvögeln gefressen. Da sich der Dreistachlige Stichling sehr gut im Aquarium halten lässt, konnten Naturwissenschaftler ihr Paarungs- und Brutverhalten genau untersuchen. Die leuchtend gefärbten Männchen bauen das Nest und bewachen die Eier und die Jungen.

➤ 1. Außerhalb der Paarungszeit sind Männchen und Weibchen gräulich grün-braun, farblich an den Schlamm und die Pflanzen im See oder Fluss angepasst. Im Vorfrühling färben sich Brust und Bauch der Männchen rot, die Rücken grün. Nun verhalten sie sich anderen Männchen gegenüber aggressiv und verteidigen ihre kleinen Reviere.

▼ 2. Irgendwo in einer verborgenen Ecke seines Reviers baut jedes Männchen ein kleines tunnelartiges Nest aus Pflanzenfasern, die es mit einer Flüssigkeit aus seinen Nieren verklebt. Es bewacht das Nest sorgfältig und lockt vorbeischwimmende Weibchen mit seinem typischen »Zickzacktanz« an.

▼ 4. Wenn das Weibchen zur Eiablage bereit ist, schwimmt es ins Nest und legt mehrere Hundert winziger Eier ab. Das Männchen folgt ihm und besamt die Eier. Nun sind sie befruchtet und können sich entwickeln. Das Weibchen verlässt das Nest und das Männchen lockt andere Weibchen an, die weitere Eier ablegen sollen.

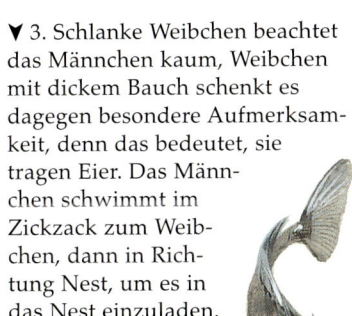

▼ 3. Schlanke Weibchen beachtet das Männchen kaum, Weibchen mit dickem Bauch schenkt es dagegen besondere Aufmerksamkeit, denn das bedeutet, sie tragen Eier. Das Männchen schwimmt im Zickzack zum Weibchen, dann in Richtung Nest, um es in das Nest einzuladen.

▼ 5. Das Männchen bewacht die Eier und fächelt mit den Flossen und dem Schwanz Wasser ins Nest, um die Eier mit Sauerstoff zu versorgen. In ein bis zwei Wochen schlüpfen winzige Fische aus, die das Männchen versorgt, bis sie groß genug sind, um allein wegzuschwimmen.

Die Wasseramsel

Die Wasseramsel, ein kleiner graubrauner Vogel mit auffallend weiß gefärbter Brust und Kehle, kann man am ehesten am Ufer eines klaren, schnell fließenden Baches beobachten. Du kannst sehen, wie sie in den Fluss taucht wie eine winzige Ente oder ein Teichhuhn. Eine größere Überraschung erlebst du, wenn sie einige Sekunden später stromaufwärts wieder auftaucht. Wasseramseln sind die einzigen europäischen Singvögel, die unter Wasser laufen können und inmitten von Kieselsteinen nach Nahrung suchen. Sie leben hauptsächlich in Gebirgsgegenden, wo es klare und saubere Bäche und Flüsse gibt. Jedes Paar durchstreift einen bestimmten Bereich des Flusses auf der Suche nach Insekten und kleinen Fischen. Obwohl sie unter Eis jagen können (siehe unten), fliegen viele Wasseramseln im Winter zu großen, unvereisten Seen oder an die Meeresküste.

➤ 1. Die Wasseramsel steht auf einem Stein oder Felsen, blickt über den Fluss und knickst – durch eine rasche Beugebewegung der Beine wird der Körper gesenkt und wieder gehoben. Durch die verschiedenen Blickwinkel kann sie vermutlich die Beute unter dem Wasser besser orten.

◄ 2. Wie kann eine Wasseramsel verhindern, dass sie stromabwärts getrieben wird? Sie hält ihren leichten Körper in Hockstellung und schräg zur Strömung, sodass ihn das Wasser nach unten drückt. In dieser Haltung kann sie auf dem Grund herumlaufen und dabei im Flussbett nach Nahrung picken.

▲ 4. Die Wasseramsel ist gut an das Leben am Wasser angepasst. Ihr Gefieder fettet sie regelmäßig mit dem Fett ihrer Bürzeldrüse ein, sodass die Federn unter Wasser trocken bleiben. Während sie taucht, verschließt ein Hautstück ihre Nasenlöcher.

➤ 3. Wenn im Winter oder Vorfrühling eine Eisdecke auf dem Wasser entsteht, können Wasseramseln immer noch jagen. Sie tauchen durch ein Loch ins Wasser und kommen aus einem anderen wieder heraus. Sie fressen hauptsächlich Wasserkäfer, Insektenlarven und kleine Fische.

▲ 5. An einer geschützten Stelle am Flussufer baut die Wasseramsel ein feines, kuppelförmiges Nest aus Moos und Gras, das sie mit weichen Blättern auskleidet. Das Weibchen legt vier oder fünf weiße Eier, die es mehr als zwei Wochen bebrütet. Beide Elternteile füttern die Nestlinge weitere drei oder vier Wochen.

Der Teichmolch

Molche, die mit den Fröschen und Kröten nah verwandt sind, gehören zu den Lurchen oder Amphibien – ein Name, der bedeutet, dass sie genauso gut an Land wie im Wasser leben können. Aber Amphibien dürfen sich nicht sehr weit vom Wasser entfernen, da ihre Haut feucht bleiben muss. Sie brauchen das Wasser auch zur Fortpflanzung. Die Eier werden im Wasser abgelegt und die jungen Molche entwickeln sich als beinlose Kaulquappen, die mehrere Monate im Wasser verbringen. Obwohl die erwachsenen Molche vor allem an Land leben, kannst du sie viel leichter im Wasser von Sümpfen, Teichen und Flüssen entdecken. Hier springen und tauchen sie inmitten von Wasserpflanzen und suchen nach winzigen Insekten, Krebstieren und Schnecken. Auch Teichmolche haben Feinde, z.B. viele Fische und Vögel. Ein schwaches Gift in ihrer Haut schützt die Molche vor manchen Räubern.

▼ 1. Weibliche Teichmolche (unten links) sind grünbraun mit dunkleren Flecken und haben eine helle Unterseite. Männchen sind an der Kehle und Brust orange oder korallenrot mit auffallenden schwarzen Flecken. Im Frühling bekommen sie einen welligen Kamm auf dem Rücken als Zeichen, dass sie zur Fortpflanzung bereit sind.

▲ 3. Der Teichmolch hat ein gewaltiges Maul, das er weit öffnet, um die glitschigen Beutetiere zu packen und zu zerkauen. Die Kiefer sind am Rand mit kleinen nadelähnlichen Zähnen besetzt. Am Gaumen befinden sich weitere Zähne, die am Knochen befestigt sind. Ist ein Wurm oder eine Schnecke erst einmal gefangen, gibt es kaum eine Chance zu entkommen.

➤ 4. Teichmolche pflanzen sich im Frühling fort. Während der Werbung wirbelt das Männchen das Wasser aufgeregt mit seinem Schwanz auf und entlässt ein Samenpaket, das vom Weibchen in den Körper aufgenommen wird. Sie legt später 200 oder mehr Eier und klebt sie einzeln an die Stängel und Zweige von Wasserpflanzen.

▼ 2. Nahrungssuche im Winter kann hart sein. Im Herbst verlassen die meisten Teichmolche das Wasser, um sich einen sicheren, feuchten Platz zu suchen, wo sie für mehrere Monate Winterschlaf halten. Manche entdecken kleine Höhlen am Flussufer oder inmitten von Baumwurzeln. Dieser hier schläft sicher in einem Hohlraum unter einem Baumstumpf.

▲ 5. Die Eier entwickeln sich in zwei oder drei Wochen zu Kaulquappen. Diese ernähren sich von Algen (winzige Wasserpflanzen), die in unzähligen Mengen auf der Oberfläche von Blättern und Steinen wachsen. Am Ende des Sommers haben sich die Kaulquappen in kleine Molche verwandelt.

Die Wasserspitzmaus

Wie ihre Verwandte, die Waldspitzmaus, ist diese Spitzmaus ein mausähnliches Säugetier mit spitzer Nase sowie winzigen Augen und Ohren. Wie sie hält sich die Wasserspitzmaus die meiste Zeit an Land auf, aber anders als ihre Verwandte geht sie auch gerne ins Wasser und schwimmt und taucht in Teichen, Seen und Flüssen. Das tagaktive Tier kann man am ehesten sehen, wenn es in Ufernähe schwimmt. Du könntest die Wasserspitzmaus mit einer Schermaus verwechseln, aber die lange, spitze Schnauze weist sie eindeutig als Spitzmaus aus. Am Ufer ist die Wasserspitzmaus schwer zu entdecken, da sie gewöhnlich in verborgenen Gängen im dichten Uferbewuchs herumläuft. Kinder nehmen manchmal ihr hohes Quieken wahr, das für die Ohren der meisten älteren Menschen nicht mehr wahrnehmbar ist. Die Wasserspitzmaus pflanzt sich den ganzen Frühling und Sommer fort. Wenn du viel Glück hast, kannst du sehen, wie eine Mutter ihre fünf oder sechs Jungen ins Wasser begleitet. Fasse sie nicht an, denn sie beißen.

▲ 1. Das dichte graubraune Fell erscheint im Wasser silbern, weil winzige Luftblasen sich zwischen den Haaren verfangen. Nur die Haarspitzen werden nass, das untere Fell dicht am Körper bleibt trocken. So hält sich die Spitzmaus sogar in eisigem Wasser warm.

▲ 3. Die Wasserspitzmaus schwimmt mit den Füßen und dem Schwanz. Die Zehen, die von steifen, borstenähnlichen Haaren bewachsen sind, dienen dabei als Paddel. Der Schwanz wird hin- und hergeschwenkt und treibt das Tier zusätzlich voran.

▼ 4. Die Wasserspitzmaus ernährt sich hauptsächlich von Insekten und deren Larven, die sie auf der Oberfläche und am Grund der Gewässer findet. Sie fängt auch Würmer, Wasserschnecken, Kaulquappen und Fische, an Land Schnecken und Regenwürmer.

▼ 5. Ab März oder April beginnt die Wasserspitzmaus mit der Fortpflanzung. In einem Tunnel am Ufer bringt die Mutter vier bis elf Junge zur Welt, die sie einen Monat lang säugt. Weitere zwei Wochen bleiben sie noch bei ihr, um das Jagen im Wasser und an Land zu erlernen.

▲ 2. Damit die Wasserspitzmaus es warm und trocken hat, muss sie ihr Fell gut pflegen. Mehrere Male am Tag, in den Jagdpausen, taucht sie aus dem Wasser auf, um ihr Fell zu putzen. Dabei benutzt sie ihre Zähne wie einen Kamm und nimmt ihre behaarten Füße als Bürste zur Hilfe.

Der Europäische Nerz

Der flinke, scharfäugige Europäische Nerz mit dem buschigen Schwanz ist ein Raubtier, das wie der Fischotter zu den Mardern gehört. Nerze sind nur halb so groß wie Fischotter, haben aber eine ähnliche Lebensweise. Sie sind hauptsächlich in und am Wasser zu Hause. An Bächen, Flüssen, großen Seen und in Sumpfgebieten machen sie nachts Jagd auf Vögel, vor allem am Boden brütende Wasservögel, sowie kleine Säugetiere wie Ratten und Schermäuse. Im Wasser fangen sie Krebse, Insekten und Fische. Tagsüber halten sich

Nerze meist in natürlichen Höhlen unter Baumwurzeln oder in Schilf- oder Reisighaufen auf. Wegen seines dichten Fells wurde der Nerz stark bejagt, wegen seiner Vorliebe für Lachse und Forellen von Fischern und Bauern durch Fallen und Gift getötet. Teilweise wurden die Tiere durch den nah verwandten Amerikanischen Nerz – den Mink – verdrängt, als man diesen zur Pelztierhaltung in Farmen nach Europa einführte und einige Tiere entkamen und sich in der Natur ausbreiteten.

Der Nerz ist das am stärksten bedrohte Raubtier Europas.

▲ 1. Die Männchen (oben links) sind gewöhnlich größer als die Weibchen. Beide sind schlank und wendig und bewegen sich flink durch das dichte Unterholz. Wenn ihre Jagd besonders erfolgreich war, legen die Nerze Nahrungsvorräte an.

▼ 3. Fast jedes Säugetier fängt zu schwimmen an, wenn es ins Wasser fällt, und schafft es meist auch, das sichere Ufer zu erreichen. Die Nerze machen wie die Fischotter weitaus mehr aus ihren Schwimmfähigkeiten. Schon als Jungtiere gehen sie ins Wasser, um zu tauchen und Beutetiere zu verfolgen.

▼ 4. Die Weibchen haben ihre festen Reviere, in denen sie das ganze Jahr bleiben, während die Männchen gerne wandern. Die Tiere paaren sich ab dem Vorfrühling, und im Sommer kommen drei bis sieben Junge in Uferhöhlen zur Welt. Mutter und Kinder bleiben bis zum Herbst zusammen, dann gehen die jungen Nerze ihre eigenen Wege.

▲ 2. Der Nerz hat sich wie der Fischotter aus Tieren entwickelt, die nur an Land gelebt haben. Dennoch ist er ein schneller und kräftiger Schwimmer. Sein Fell ist dicht genug, um das Wasser vom Körper abzuhalten. Die Zehen sind teilweise mit Schwimmhäuten versehen, sodass seine Füße im Wasser zu Paddeln werden.

▼ 5. Nerze haben wenige natürliche Feinde. Wenn reichlich Nahrung vorhanden ist, kann ihr Bestand rasch größer werden. Heute besteht das größte Problem der Nerze in der Zerstörung ihrer Lebensräume. Obwohl sie in den meisten Ländern unter strengem Schutz stehen, werden die Nerze immer seltener.

Der Gelbrandkäfer

Es gibt Hunderttausende von verschiedenen Käferarten auf der Erde, von denen einige Tausend im Wasser leben. Der Gelbrandkäfer gehört zu den größten und häufigsten Insekten in Teichen, Tümpeln und Altarmen von Flüssen. Mit seinem bräunlich schwarzen und gelben Rücken und dem stromlinienförmigen Körper könnte man ihn auf den ersten Blick für einen Landkäfer halten. Aber sein Körper ist zu schwer und die Beine sind zu schwach für ein

Leben an Land. Allerdings kann der Gelbrandkäfer sehr gut fliegen. Sein Jagdrevier liegt aber im Wasser. Inmitten von Felsen und Wasserpflanzen lauert er und schießt mit kräftigen Schwimmstößen auf seine Beute zu. Zu seinen Beutetieren zählen Insekten, Fische, kleine Frösche und andere Tiere. Mit den spitzen Zangen in seinem Oberkiefer spritzt er ihnen einen tödlich wirkenden Verdauungssaft ein und saugt die vorverdauten Tierchen anschließend ein.

▼ 2. Der Gelbrandkäfer bewegt sich zwischen den Steinen, Wasserpflanzen und Schilfhalmen, indem er alle sechs Beine benutzt. Beim Schwimmen steuert er mit den Vorderbeinen und schiebt sich mit den ruderartigen Hinterbeinen vorwärts. Um ein Beutetier zu packen, setzt er die Vorderbeine zusammen mit den kräftigen Kiefern ein.

▲ 1. Obwohl beide eine ähnliche Form haben, ist das Männchen (oben links) etwas größer und dunkler sowie in der Farbe einheitlicher als das Weibchen. Beide haben einen flachen Körper, der sehr hübsch gelb gerändert ist. Das Weibchen trägt zusätzlich gleichmäßige gelbliche Längsstreifen auf den Flügeldecken.

▲ 4. Diese Käfer sichten ihre Beutetiere hauptsächlich mit den großen Augen auf beiden Seiten des Kopfes. Sie können sogar im Dämmerlicht Bewegungen wahrnehmen. Hat der Käfer eine Beute entdeckt, schwimmt er aus seinem Versteck heraus, packt sie mit den Vorderbeinen und reißt sie mit den kräftigen Kiefern in Stücke.

▼ 3. Wie ein Landkäfer benötigt auch der Gelbrandkäfer Luft zum Atmen. Wenn er auch mehrere Stunden bewegungslos auf dem Gewässergrund liegen kann, geht er während der Jagd alle paar Minuten an die Wasseroberfläche. Dort hält er den Hinterleib aus dem Wasser und holt Luft unter die Flügeldecken.

➤ 5. Das Gelbrandkäferweibchen legt seine Eier einzeln in die Stängel von Wasserpflanzen. Die Eier entwickeln sich zu kleinen Larven, die ein Jahr oder länger auf dem Grund des Gewässers verbringen, bis sie ihre volle Größe erreicht haben.

Der Haubentaucher

Teiche und Seen locken eine große Zahl von Wasservögeln an. Je größer das Gewässer ist, umso mehr verschiedene Vogelarten können sich dort ansiedeln. Der Haubentaucher liebt große Seen und Flussmündungen. Er braucht nicht nur viel Platz, um sich in die Luft zu erheben und um zu landen (siehe unten), sondern ist auch auf weite flache Wasserflächen angewiesen, um Nahrung zu finden. Der untersetzte, rötlich braune Vogel mit heller Kehle und Brust schwimmt tief im Wasser. Sein gebogener Hals, der Federschmuck auf dem Kopf und der lange Schnabel verleihen ihm einen charakteristischen Umriss. Der Kopfschmuck besteht aus zwei federigen »Hörnern« und einer Krause aus Halsfedern, die sich während der Balz (Werbung um den Partner) aufrichtet. Der Haubentaucher überwintert gewöhnlich am Meer und kehrt im Vorfrühling an seinen Brutplatz an einem See zurück. Im Spätfrühling, Sommer und Herbst verbringen die Vögel die ganze Zeit mit Schwimmen und Tauchen und der Aufzucht der Jungen.

▲ 1. Der Haubentaucher kann genauso gut tauchen wie fliegen und hat wie andere Schwimmvögel ziemlich kleine Flügel. Das bedeutet, dass er einen langen Anlauf nehmen muss, um hochzufliegen. In kleinen Gewässern kann er nicht leben, sondern nur in großen Seen und auf breiten Flüssen, wo er viel Platz hat.

▼ 3. Während der Balz nimmt jeder Partner ein Pflanzenbüschel als »Geschenk« in den Schnabel. Dann schwimmen beide aufeinander zu. Im letzten Augenblick richten sie sich auf dem Wasser auf und schütteln die Köpfe und den aufgestellten Kopfschmuck.

▲ 4. Das im Wasser schwimmende Nest besteht aus Wasserpflanzen und Schilfhalmen. Es wird an Wasserpflanzen verankert oder inmitten vom Schilf sorgfältig versteckt. Die Eltern bauen das Nest zusammen und wechseln sich beim Brüten der zwei bis sechs blassblauen Eier ab.

▲ 2. Unter Wasser hält der Haubentaucher die Flügel dicht am Körper und schiebt sich mit seinen großen Füßen vorwärts. Jeder Zeh ist mit einer Schwimmhaut versehen. Der Vogel lässt den langen Hals und den Schnabel nach rechts und links schnellen, um Insekten, Krebstiere, Fische, Molche und Frösche zu fangen. Er kann zwei bis drei Minuten unter Wasser bleiben.

➤ 5. Die Brutdauer beträgt etwa vier Wochen. Die Jungvögel in ihrem auffälligen, schwarz und gelben Daunenkleid verlassen das Nest sofort nach dem Ausschlüpfen. Ein oder zwei Wochen lang sitzen sie auf dem Rücken der Eltern und lernen Schwimmen und Tauchen. In zwei oder drei Monaten sind sie unabhängig und bereit, eigene Wege zu gehen.

Felder und Wiesen

Viele unserer Wildtiere leben nicht im Wald oder anderen ursprünglichen Landschaften, sondern in der Nähe des Menschen. In der Umgebung von Bauernhöfen, auf Feldern und Wiesen finden viele wilde Vögel und Säugetiere gute Lebensbedingungen. Diese Lebensräume sind erst entstanden, als die Menschen sesshaft wurden und Ackerbau und Viehzucht trieben.

Die ersten Menschen zogen als Jäger und Sammler umher. Sie töteten wilde Tiere und aßen ihr Fleisch. Außerdem sammelten sie Früchte, Samen und Wurzeln. Nach und nach lernten sie, Schafe, Ziegen, Schweine, Rinder und andere Tiere zu halten. Sie wurden sesshaft, rodeten Wälder und bauten Getreide und Gemüse an. Das waren die ersten Bauern.

Auch heute gehören zu den Bauernhöfen Wiesen, Weiden, auf denen das Vieh grast, und Felder für den Anbau von Weizen, Roggen, Gerste, Kartoffeln, Zuckerrüben, Obst und anderem mehr. Sind die Felder mit Steinwällen, Hecken, Wäldchen oder Baumgruppen voneinander abgegrenzt, finden hier viele kleine Tiere Schatten und Unterschlupf. Früher hatten diese Tiere sehr gute Lebensbedingungen: Die Felder waren klein und von großen Waldgebieten umgeben. Heute machen es die größeren Felder und die intensive Landwirtschaft den Wildtieren schwerer. Doch viele Bauern lassen für sie ein paar Fleckchen unbewirtschaftet. Sie sorgen sich um die freie Natur ebenso wie um ihre eigenen Tiere.

Der Dachs

Der Dachs lebt am liebsten am Waldrand. Im Schutz der Bäume legt er seinen Bau an, auf Wiesen und Feldern kann er leicht umherstreifen und nach Nahrung suchen. Tagsüber schläft der Dachs in seinem unterirdischen Bau, doch am Abend kommt er heraus. In den Feldern am Waldrand trifft man ihn dann häufig an. Mit seinen kurzen, kräftigen Beinen, auf denen der plumpe Körper mit dem schmalen Kopf sitzt, schiebt er sich durchs Gestrüpp. Dabei grunzt und schnüffelt er wie ein Schwein. Seine Nacht für Nacht gleichen Pfade führen ihn durchs hohe Wiesengras. Er hält sich immer in der Nähe der schützenden Hecken. Jahrhundertelang wurde der Dachs wegen seines Fells gejagt. Auch heute noch ist der Mensch sein schlimmster Feind: Weil viele Bauern Insektengift einsetzen, wird auch der Dachs häufig vergiftet. Wenn er zu viele vergiftete Beutetiere frisst, muss er sterben.

▲ 1. Der Dachs hat die Nase immer dicht am Boden. Sein ausgezeichneter Geruchssinn hilft ihm bei der Jagd. Er frisst lebende und tote Tiere, aber auch Wurzeln, Pilze, Beeren, Äpfel und andere Früchte. In den Feuchtwiesen gräbt er mit seinen kräftigen Klauen Regenwürmer aus.

▼ 3. Mit seinen langen, muskelbepackten Kiefern und den robusten, spitzen Zähnen kann der Dachs kraftvoll zubeißen. Doch Dachse sind nicht aggressiv und kämpfen nur, wenn sie oder ihre Jungen angegriffen werden. Sie mögen am liebsten weiche Nahrung wie Frösche, Schnecken, Mäuse, Früchte und Regenwürmer.

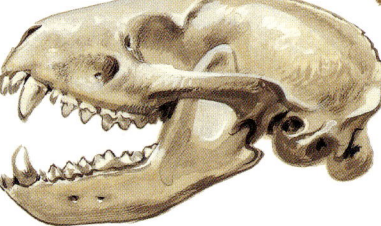

▲ 2. An den kurzen Füßen hat der Dachs fünf gebogene Grabekrallen. Wenn er seinen Bau anlegt – mit zahlreichen Gängen, Nesthöhlen und mehreren Ausgängen –, schaufelt er mit den Vorder- und Hinterbeinen tonnenweise Erde.

▲ 4. Das glänzende, dicke Fell des Dachses ist oben dunkelgraubraun und an den Beinen schwarz. Das Gesicht schmücken drei auffällige weiße Streifen und weiße Ohrspitzen. Dadurch erkennen sich die einzelnen Dachse nachts gegenseitig besser.

➤ 5. In einem Dachsbau leben mehrere Familien. Dachse paaren sich im Sommer. Im Februar des darauf folgenden Jahres kommen dann zwei bis fünf Junge zur Welt, die gegen Ende April den Bau zum ersten Mal verlassen. Die Mutter bringt den Jungen das Jagen bei. Ein Dachs kann bis zu 18 Jahre alt werden.

Die Dohle

Die schwarze Dohle hat einen grauen Nacken und blassgraue Augen. Die in Europa und Asien weit verbreiteten Dohlen sind die kleinsten Rabenvögel Europas. Dohlen sieht man selten allein. Sie leben in der Gemeinschaft, fliegen in Schwärmen, suchen in großen Gruppen nach Nahrung und bauen ihre Nester nah beieinander. In ursprünglichen Landschaften nisten sie an Klippen, in Felsspalten und Baumhöhlen. In Kulturlandschaften lassen sie sich auch in Scheunen, Kirchtürmen und Ruinen nieder. Beim Pflügen sehen die Bauern sie gern, denn sie picken Schädlingslarven und Insekten aus der umgepflügten Erde. Weniger erfreulich für die Bauern ist es, wenn die Dohlen auf dem Schornstein nisten und im Garten Kirschen und andere reife Früchte stibitzen. Dohlen gewöhnen sich schnell an den Menschen und seine Nutztiere.

Links sieht man zwei Vögel, die eine gute Quelle für weiches Nistmaterial gefunden haben.

➤ 1. Dohlen fressen Insekten, Früchte, Samen und Aas (tote Tiere). In der Brutzeit packen sie sich Nahrung in eine Tasche unterhalb der Kehle und bringen sie dem brütenden Partner oder den Küken.

➤ 3. Dohlen beobachten aufmerksam ihre Umgebung. Wenn ein anderer Vogel sein Nest kurz verlässt, fliegen sie dorthin und fressen die Eier. Aus dem Garten tragen sie manchmal glänzende Gegenstände wie Schrauben oder Löffel in ihr Nest.

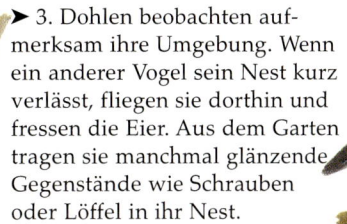

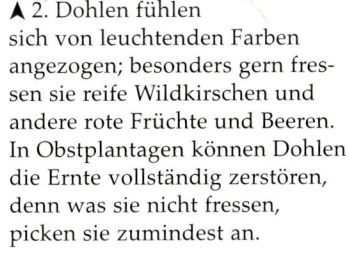

▼ 5. Dieses Nest neben der Dachgaube besteht aus Zweigen und ist mit Schafwolle ausgepolstert. Während der 18 Tage währenden Brutzeit werden die Weibchen von den Männchen versorgt. Beide Eltern füttern die Küken, die nach vier bis fünf Wochen flügge werden.

▲ 2. Dohlen fühlen sich von leuchtenden Farben angezogen; besonders gern fressen sie reife Wildkirschen und andere rote Früchte und Beeren. In Obstplantagen können Dohlen die Ernte vollständig zerstören, denn was sie nicht fressen, picken sie zumindest an.

▲ 4. Im Frühjahr schichten die Dohlen Äste und Zweige zu einem Nest auf. Ein Schornstein eignet sich gut als Unterlage, vorausgesetzt, er ist so eng, dass sie ihn zubauen können, und niemand zündet darunter ein Feuer an.

Die Erdmaus

Dieses kleine Tier mit den Knopfaugen ist eine Erdmaus. Sie lebt auf feuchten Wiesen und Weiden, auf denen verschiedene Gräser und Kräuter wachsen. Wenn man ein oder zwei Erdmäuse sieht, kann man sicher sein, dass es in Quiekweite noch ein paar Dutzend mehr davon gibt. Erdmäuse vermehren sich schnell, wenn die Nahrung reichlich und der Boden dicht bewachsen ist. In der Abendstille hört man sie recht laut quieken. Sie buddeln sich selten in den Boden hinein, sondern bauen sich ihre Nester und Wege meist oberirdisch zwischen den Grashalmen. Im dichten Bewuchs verwandeln sich diese Pfade in Tunnels. Gras, Heidekraut und Farn schützen die Erdmäuse vor ihren Feinden. Dennoch sind sie im Sommer willkommene Beute für Wiesel, Füchse, Schlangen, Bussarde, Eulen und Hauskatzen.

➤ 1. Erdmäuse gehören zu den Wühlmäusen. Wühlmäuse (unten) sehen ähnlich aus wie Mäuse (oben), ihr Schwanz ist jedoch kürzer und ihre Ohren sind kleiner. Während der Allesfresser Maus von Insekten bis zu Samen alles Mögliche mag, ernähren sich Wühlmäuse meist von den Stängeln, Blättern und Wurzeln der Gräser und anderer Pflanzen.

▼ 3. Wiesel und Schlangen sind so schlank, dass sie in die Pfade eindringen können. Füchse gehen die Wiese ab und springen die Wühlmäuse an, sowie sich ein Tierchen zeigt. Eulen warten auf einem Ansitz und schlagen beim kleinsten Geräusch zu. Diese Schleiereule bringt ihrer hungrigen Familie eine Erdmaus.

▲ 2. Fast jede Wiese ist vom Wegenetz der Erdmäuse durchzogen. Im Winter, wenn das Gras kurz ist, kann man es gut sehen. Im Frühling wächst das Gras und im Sommer sind die Pfade unsichtbar geworden, sodass die Erdmäuse dort vor den meisten Raubtieren sicher sind.

▲ 4. Erdmäuse bekommen im Frühjahr das erste Mal Junge. Unter einem Ast am Boden oder in einem Blätterhaufen webt das Weibchen ein becherförmiges Nest aus Gras, in dem fünf oder sechs Junge Platz haben. Es zieht den Nachwuchs ohne das Männchen groß.

➤ 5. Die Jungen wachsen schnell und verlassen das Nest nach zwei oder drei Wochen. Die Weibchen sind schon mit vier Wochen geschlechtsreif und haben im Jahr fünf- oder sechsmal Junge. Die vielen Feinde sorgen aber dafür, dass die Erdmäuse trotzdem nicht überhand nehmen.

Der Star

Der Star hat sich in Deutschland und ganz Europa gut an den Menschen und die Landwirtschaft angepasst. Auf den Feldern findet er reichlich Nahrung. Sein Nest legt er in Baum- und Felshöhlen an, gerne auch in Mauerlöchern und Starenkästen. Im Winter sammeln sich die Stare zu Hunderttausenden, picken auf den umgepflügten Feldern nach Insekten und suchen sich abends in den Parkanlagen der Städte ein Schlafplätzchen auf einem Baum. Der prächtig schillernde Star gibt vom Pfeifen bis zum Kreischen sehr unterschiedliche Laute von sich und ahmt wie die Dohle auch andere Vogelstimmen und sogar menschliche Laute nach. Früher wurde er deswegen oft im Käfig gehalten. Im Schwarm können Stare Schäden anrichten – zum Beispiel, wenn sie Obstplantagen oder Weinberge heimsuchen. Ihr ätzender Kot zerstört Bäume und frisst sich in Gebäude ein. In kleinen Gruppen sind Stare dagegen nützlich: Diese drei im weiß gefleckten Winterkleid suchen auf einem zugeschneiten Getreidefeld nach Schädlingen.

▲ 1. Von weitem sehen Stare einfach nur schwarz aus. Doch aus der Nähe schimmert ihr Gefieder glänzend grün und purpurrot und hat braune Streifen und hellblaue Punkte. Die weißen Flecken des Wintergefieders (links) verschwinden im späten Frühjahr; im Sommer und Herbst sind die Stare dunkler.

➤ 2. Vom Spätherbst bis zum Frühjahr suchen die Stare in gewaltigen, lärmenden Schwärmen auf den Feldern Insekten, Larven und Würmer. Bei Dämmerung sammeln sie sich erst in kleinen, dann in großen Schwärmen, die den Himmel verdunkeln.

▲ 3. Wenn ein Falke in Sicht kommt, helfen sich die Stare gegenseitig. Hoch am Himmel formieren sie sich im Flug zu einer Art Würfel. Dann stoßen sie auf den Feind hinab und verjagen ihn. Die Jungvögel lernen schnell, dass sie im Schwarm sicher sind.

▼ 4. Die Männchen bauen meist in einer Baumhöhle oder einem Gebäude ein Nest aus Gras und Zweigen. Stare nisten gern in Gesellschaft – eine Scheune beherbergt oft sechs oder sieben Nester. Die Weibchen legen vier bis sieben hellblaue Eier. Beide Eltern brüten insgesamt zwei Wochen lang.

◄ 5. Stare sind fürsorgliche Eltern. Die Küken bekommen Insekten und Würmer, wachsen schnell und verlassen nach drei Wochen das Nest. Ein paar Tage lang betteln sie ihre Eltern noch um Futter an. Auf Ausflügen mit den Eltern lernen sie dann schnell, sich selbst Nahrung zu suchen.

Das Hermelin

Das Hermelin gehört wie der Dachs zu den Mardern, ist also ein Raubtier. Der flinke und wendige Einzelgänger ist sehr scheu. Wenn man doch mal ein Hermelin zu Gesicht bekommt, hat es das bestimmt schon bemerkt und ist auf dem Rückzug. Die Jungen werden bei der Mutter groß. Sie spielen ausgelassen miteinander und toben gern herum. Zwischendurch bleiben sie immer wieder kurz stehen, schnuppern und horchen. Beim geringsten Anzeichen von Gefahr fliehen sie. Das Hermelin ist zwar klein, hat aber spitze Zähne und Klauen. Es ist stark und greift Tiere an, die mehr als doppelt so groß sind wie es selbst. Hauptbeute sind Wildkaninchen, Hasen, Mäuse und andere kleine Säugetiere sowie Vögel und Fische. Hermeline töten häufig mehr Tiere, als sie fressen können, und legen sich dann mit den restlichen Tieren Vorratslager für schlechte Zeiten an.

▼ 1. Der Rücken des Hermelins ist rotbraun, die Unterseite weiß und die Schwanzspitze schwarz. Im Norden wird das Hermelin im Winter bis auf die schwarze Schwanzspitze ganz weiß, sodass es im Schnee gut getarnt ist. Wegen seines weißen Fells wurde es früher stark bejagt.

➤ 3. Das Hermelin schleicht sich lautlos an seine Beute an. Dann zeigt es sich plötzlich und geht mit seltsam schaukelnder Bewegung auf sein Gegenüber zu. Dieses Tier wird davon offenbar so fasziniert, dass es nicht flieht. Das Hermelin tötet es mit einem Biss in den Nacken. Nach der Mahlzeit hält es an einem ruhigen Plätzchen einen Verdauungsschlaf.

▼ 2. Mit seinem schlanken Körper und den kurzen Beinen schleicht das Hermelin durchs Gestrüpp. Es springt über Steine und reckt ab und zu den Kopf aus dem Gras. Es kann gut schwimmen und klettern. Als Nachtjäger verlässt es sich eher auf Gerüche und Geräusche als auf seine Augen.

▼ 5. Die Jungen mehrerer Familien gehen manchmal gemeinsam auf Jagd. Die lebhaften und verspielten Tiere ringen und boxen gern miteinander. Dabei fallen sie manchmal Greifvögeln zum Opfer. Im ersten Winter verhungern auch viele Jungtiere. Die anderen sind im nächsten Sommer paarungsbereit.

▲ 4. Hermeline paaren sich im Sommer. Die trächtigen Weibchen bauen sich im Mai des darauf folgenden Jahres in Baumhöhlen, Erdlöchern oder Dachböden ein Nest aus Gras, polstern es aus und bringen vier bis sieben Junge zur Welt. Mit einem Monat sind die Jungen entwöhnt, bleiben aber bis zum Winter bei der Mutter.

Die Feldlerche

Viele kleine Vögel schmettern ihr Lied von Bäumen und Gebäuden. Es bedeutet: »Hier bin ich und das ist mein Revier. Ihr anderen bleibt weg.« Nur wenige Vögel singen wie das Feldlerchenmännchen im Flug. Feldlerchen leben in offenem Gelände, wo weder Bäume noch Häuser stehen. In der Balzzeit (Paarungszeit) grenzen die Männchen mit dem Gesang ihr Revier gegen andere Männchen ab und suchen eine Partnerin. Und weil es keinen Ansitz gibt, singen sie eben im Flug. Für menschliche Ohren klingt der Gesang der Feldlerche eher zwitschernd als melodiös. Wenn man eine Aufnahme ihres Gesangs aber mit langsamerem Tempo abspielt, hört man auf einmal die schönsten Melodien. Die Feldlerche singt also einfach zu schnell für uns. Im Herbst ziehen die Feldlerchen Mittel- und Südeuropas nach Süden, während aus dem Norden andere Lerchen nachkommen. Auch sie hört man im Herbst und Frühjahr singen.

◄ 2. Feldlerchen haben ein besonderes Flugmuster: Sie fliegen fast senkrecht nach oben, singen fünf oder zehn Minuten rüttelnd ihr Lied und lassen sich dann mit angelegten Flügeln zu Boden fallen. Erst kurz vor der Landung stoppen sie den Sturzflug ab.

▲ 1. Das Gefieder der Feldlerche ist unauffällig braun und dunkel gestrichelt und fügt sich farblich gut in die Wiesen und Felder ein. Die kleine Haube auf dem Kopf ist sichtbar, wenn der Vogel singt, und liegt am Kopf an, wenn er Nahrung sucht.

► 3. Die Heidelerche ist mit der Feldlerche eng verwandt. Sie ist etwas kleiner und heller, das weiße Kinn und die Augenstreifen sind ausgeprägter. Sie nistet in der Heide und am Waldrand. Wie die Feldlerche singt sie hoch in der Luft, braucht aber in ihrem Lebensraum auch Bäume und Sträucher.

► 4. Das Nest der Feldlerche ist im hohen Gras gut versteckt. Während das Männchen singt, webt das Weibchen ein Nest aus Gras, polstert es mit Haaren und Wolle aus und legt drei oder vier braun gefleckte Eier hinein. In zwölf Tagen hat sie sie ausgebrütet.

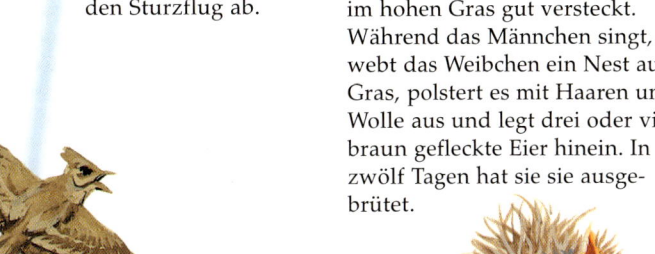

◄ 5. Die Küken schlüpfen nackt und blind aus dem Ei. Sie bekommen Raupen, Käfer, Spinnen und Würmer zu fressen, später auch Samen und Getreide. Schon nach einer Woche verlassen sie das Nest. Nach zwei oder drei Wochen fliegen sie davon. In einem warmen, trockenen Sommer brütet ein Paar zwei- oder dreimal.

Der Feldhamster

Es gibt weltweit über ein Dutzend verschiedener Hamsterarten. Der Goldhamster, den wir als Haustier kennen, lebt in Südeuropa und Asien in freier Wildbahn. In Mitteleuropa ist von Belgien bis nach Westrussland der Feldhamster zu Hause. Die meerschweinchengroßen bräunlichen Tiere leben in Wiesen, an Flussufern und auf Feldern. Man bekommt sie nur selten zu Gesicht. Am Tag schlafen sie in ihren Erdhöhlen. Nachts kommen sie zur Nahrungssuche heraus. Im Winter halten sie Winterschlaf und fressen zwischendurch die Vorräte, die sie im Sommer und Herbst angelegt haben. Manchmal teilen sich zwei Hamster eine Höhle. Doch abgesehen von der Paarungszeit gehen sie einander meist aus dem Weg. Wenn sich zwei treffen, streiten und kämpfen sie gern. Wenn sie ihr Revier vergrößern oder einen neuen Lebensraum beziehen wollen, schwimmen die Hamster sogar durch Bäche, doch lieber bleiben sie an Land. Ihre Hauptfeinde sind die nachtaktiven Eulen, Füchse und Hermeline.

◄ 1. Die Goldhamster, die wir als Haustiere halten, sind klein, stämmig und goldbraun. Feldhamster sind größer und dunkler. Sie haben weiße Flecken im Gesicht und oberhalb der Vorderbeine. Beide Arten ernähren sich fast ausschließlich von Samen und Pflanzenmaterial, das ihnen auch genug Flüssigkeit liefert.

► 2. Hamster sind wie Mäuse, Ratten und Eichhörnchen Nagetiere. Die langen Nagezähne wachsen ein Leben lang. In den geräumigen Backentaschen tragen sie Getreide und andere Nahrung als Vorrat für den langen, kalten Winter in ihren Bau.

▲ 4. In den kältesten Monaten des Jahres rollt sich der Hamster in seiner Schlafhöhle ein und hält Winterschlaf. Dabei sinkt die Körpertemperatur stark ab. Alle drei bis vier Wochen wacht er auf, wärmt sich, indem er am ganzen Körper zittert, frisst von seinen Vorräten und schläft dann wieder ein. Im Frühjahr weckt ihn das warme Wetter.

▲ 3. Der Bau des Hamsters besteht aus unterirdischen Gängen und Kammern. Er hat oft mehrere Eingänge. In den Vorratskammern sammelt der Hamster in einem guten Sommer bis zu 60 Kilo Samen, Nüsse und andere Nahrung für den Winter.

► 5. Hamster paaren sich im Frühjahr. Die Weibchen vertreiben die Männchen und kümmern sich allein um den Nachwuchs. Sie bringen vier bis zehn blinde, nackte Jungtiere zur Welt. Die Jungen saugen einen Monat lang Milch und verlassen dann das Nest.

Der Turmfalke

Der kleine Turmfalke zählt zu den am weitesten verbreiteten Vogelarten der Erde. Das gestreifte und gepunktete Gefieder sieht in Skandinavien oder Deutschland genauso aus wie in Nordafrika. Eng verwandte Arten leben in Ostasien und Nordamerika. Die kleinen stämmigen Vögel mit den schlanken Flügeln und dem langen fächerförmigen Schwanz sind hervorragende Flieger und Jäger. Sie erbeuten Kleinsäuger und Insekten, die sie im Flug erspähen. Doch die wendigen Turmfalken fressen fast alles. Sie greifen Tauben und kleinere Vögel in der Luft an und klauben bei Nässe Regenwürmer von der Erde. Sie stibitzen Eier aus den Nestern und stehlen anderen Vögeln ihre Beute, zum Beispiel den Möwen die Fische und den Eulen die Mäuse. Am Straßenrand fressen sie überfahrene Hasen und Igel.

➤ 1. Mit den riesigen nach vorne gerichteten Augen sieht der Turmfalke viel besser als der Mensch. Er jagt am Tag und erspäht eine Maus aus einer Entfernung von über 100 Metern.

▼ 2. Der Turmfalke sitzt auf einem Baum oder Strommast oder steht rüttelnd in der Luft, während er den Boden sorgfältig absucht. Wenn er ein Beutetier oder auch nur die kleinste Bewegung im Gras bemerkt, stößt er hinab und tötet die Beute sofort.

▼ 4. Turmfalken bauen selten eigene Nester. Lieber beziehen sie verlassene Krähennester oder nisten in leeren Gebäuden. Das Weibchen legt vier bis sechs weiße, braun gefleckte Eier. Es brütet vier Wochen lang; in dieser Zeit wird es vom Männchen mit Futter versorgt.

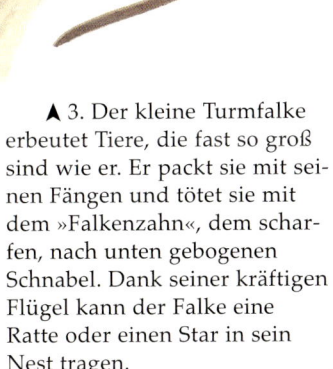

▲ 3. Der kleine Turmfalke erbeutet Tiere, die fast so groß sind wie er. Er packt sie mit seinen Fängen und tötet sie mit dem »Falkenzahn«, dem scharfen, nach unten gebogenen Schnabel. Dank seiner kräftigen Flügel kann der Falke eine Ratte oder einen Star in sein Nest tragen.

◄ 5. Beide Eltern bringen Mäuse, Vögel und andere Tiere, zerkleinern sie und verteilen sie an die Küken. Die Jungtiere mit ihren schmutzig weißen Daunen sitzen inmitten der Knochen, Felle und Federn der Beute und wachsen schnell. Nach vier bis fünf Wochen verlassen sie das Nest und jagen selbst.

Die Elster

Das Schwarz dieses scheinbar schwarz-wei-ßen Vogels verwandelt sich aus der Nähe betrachtet in schimmerndes Blau und Grün. Elstern sind über ganz Europa, Nordafrika, Zentralasien und die USA verbreitet. Meist leben sie paarweise, doch besonders im Winter sammeln sich Hunderte von Elstern rund um einen Futterplatz. Sie mögen fast alles: von Käfern und Würmern bis hin zu kleinen oder jungen Säugetieren. Einige Bauern schätzen sie, weil sie Schädlinge, junge Ratten und Kaninchen fressen. Andere verfolgen sie, weil sie Lämmer, Entenküken und andere Jungtiere angreifen. Elstern räubern gern Nester aus. Die Elster rechts hat ein Nest gefunden, die Vogeleltern verjagt und stiehlt nun ein Ei nach dem anderen. Trotzdem gefährden Elstern nicht die Singvogelbestände; sie dämmen nur die Überbevölkerung ein.

▼ 1. Im Winter und Frühjahr sitzen die Elstern in größeren Schwärmen auf den Bäumen und suchen auf den Wiesen und Feldern nach Nahrung. Sie folgen pflügenden Bauern und picken die Larven und Würmer aus der umbrochenen Erde.

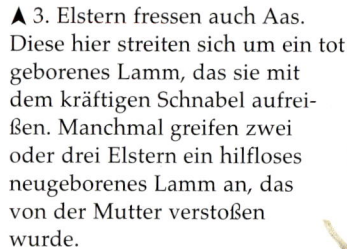

▲ 3. Elstern fressen auch Aas. Diese hier streiten sich um ein tot geborenes Lamm, das sie mit dem kräftigen Schnabel aufrei-ßen. Manchmal greifen zwei oder drei Elstern ein hilfloses neugeborenes Lamm an, das von der Mutter verstoßen wurde.

▶ 4. In hohen Bäumen bauen Elstern ihre haubenförmig über-dachten Nester aus Zweigen, Wurzeln und Schlamm. Das Weibchen legt fünf bis sieben hellgrüne, braun gesprenkelte Eier, die es drei Wochen bebrütet. Das Männchen verteidigt das Nest gegen andere Vögel. Es greift manchmal sogar Menschen an, die in die Nähe kommen.

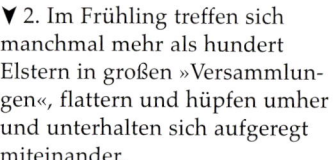

▼ 2. Im Frühling treffen sich manchmal mehr als hundert Elstern in großen »Versammlun-gen«, flattern und hüpfen umher und unterhalten sich aufgeregt miteinander.

▲ 5. Die Küken sind beim Schlüpfen blind und hilflos. Sie werden etwa vier Wochen lang von den Eltern gefüttert, bis sie zu groß für das Nest sind. Bald darauf können sie sich selbst ernähren.

Der Feldhase

Hasen und Kaninchen sind eng miteinander verwandt, doch es gibt auch einige Unterschiede. Beide leben auf den offenen Wiesen und Feldern und fressen die Pflanzen ihrer Umgebung. Die Kaninchen halten sich lieber auf Viehweiden und in Gemüsefeldern auf, Hasen auf Wiesen und Getreidefeldern. Kaninchen sind kleiner, haben kurze Beine und leben in unterirdischen Bauen. Hasen haben lange Beine und Ohren. Sie graben sich nie zum Schutz ein, sondern bleiben immer über der Erde. Wie die Kaninchen sehen und hören sie sehr gut und reagieren bei Gefahr blitzschnell. Kaninchen fliehen vor einem Greifvogel oder einer Eule in die nächste Erdhöhle; Hasen rennen im Zickzacklauf auf und davon. Beide pflanzen sich schnell fort. Doch weil es immer weniger Hecken gibt, die dem Hasen Schutz bieten, ist der Feldhase mittlerweile vom Aussterben bedroht.

▼ 1. Hasen und Kaninchen sind Verwandte, unterscheiden sich aber im Körperbau. Die Ohren des Hasen sind länger und oben schwarz, Fell und Schnurrhaare sind dichter. Mit seinen langen Beinen ist er eines der schnellsten Tiere der Erde.

◄ 3. Der Hase setzt sich auf die Hinterbeine, wenn er in die Umgebung späht. Dabei dreht er ständig die Ohren, um Geräusche zu orten. Hunde, Greifvögel, Hermeline und Iltisse sind seine Hauptfeinde. Der Hase kann plötzlich in hohem Tempo losrennen. Dabei schlägt er Haken (Zickzacklauf) und macht Luftsprünge, um seine Verfolger abzuschütteln.

▼ 4. Hasen sind Einzelgänger und finden sich nur zur Paarung – von Januar bis Oktober – zusammen. Im Frühling werden die Männchen sehr aggressiv und liefern sich mit anderen Männchen, die in ihr Revier eindringen, abenteuerliche Kickbox-kämpfe.

▼ 2. Hasen wie Kaninchen haben die für Nagetiere typische gespaltene Oberlippe. Dahinter sieht man die langen Nagezähne, die ein Leben lang wachsen. Mit den Backenzähnen zermahlen die Tiere die Nahrung. Hasen fressen fast nur Gräser und Kräuter, ganz selten auch Körner und Früchte.

▲ 5. Die Weibchen bringen zwei bis vier Junge zur Welt. Die Häschen, die mit Fell und offenen Augen geboren werden, suchen sich schon nach wenigen Stunden ihren eigenen Unterschlupf. Die Häsin besucht sie einmal täglich zum Säugen. Nach drei bis vier Wochen sind sie selbständig.

Der Kuckuck

Einen Kuckuck bekommt man nicht oft zu Gesicht, obgleich er im Sommer in Europa und Westasien recht verbreitet ist. Die Kuckucksweibchen halten sich unter Büschen und im Blattwerk der Bäume versteckt. Die Männchen schmettern in der Paarungszeit im Mai und Juni durchdringend und ausdauernd meist von einer Baumkrone aus den Kuckucksruf. Damit grenzen sie ihr Revier gegen andere Männchen ab. Das Kuckucksweibchen baut kein eigenes Nest, sondern legt seine Eier in die Nester anderer Vögel, die gerade Eier gelegt haben. Wenn die Vogeleltern den Betrug nicht bemerken, wirft der frisch geschlüpfte kleine Kuckuck die anderen Eier aus dem Nest und wird von den »Stiefeltern« aufgezogen. Ende Juli oder Anfang August fliegen die Kuckucke schon wieder gen Süden nach Afrika und kehren erst im darauf folgenden Frühling zurück.

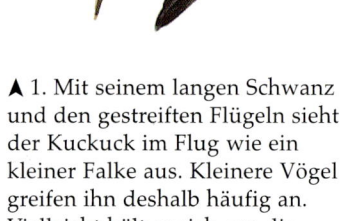

▲ 1. Mit seinem langen Schwanz und den gestreiften Flügeln sieht der Kuckuck im Flug wie ein kleiner Falke aus. Kleinere Vögel greifen ihn deshalb häufig an. Vielleicht hält er sich aus diesem Grund eher versteckt.

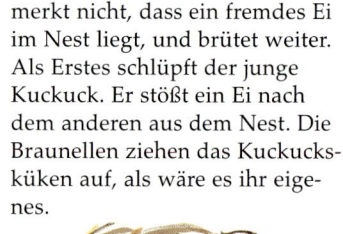

► 2. In diesem Heckenbraunellen-Nest liegen drei kleine blaue Eier, die das Weibchen gelegt hat. Das größere rosafarbene Ei hat das Kuckucksweibchen dazugelegt; dafür hat es eins der Braunelleneier aufgefressen.

► 3. Die Heckenbraunelle bemerkt nicht, dass ein fremdes Ei im Nest liegt, und brütet weiter. Als Erstes schlüpft der junge Kuckuck. Er stößt ein Ei nach dem anderen aus dem Nest. Die Braunellen ziehen das Kuckucksküken auf, als wäre es ihr eigenes.

▼ 4. Die Heckenbraunellen füttern ihr Stiefkind mit Würmern und Insekten. Das Küken wächst sehr schnell. Es ist unersättlich und füllt bald das ganze Nest aus.

▲ 5. Kuckucke sind viel größer als Heckenbraunellen. Das Küken überragt bald seine Stiefeltern. Nach drei Wochen wiegt es so viel wie beide Eltern zusammen. Zum Füttern setzen sich die Heckenbraunellen nun auf seinen Rücken.

Die Zwergfledermaus

Die Zwergfledermaus ist unsere häufigste Fledermausart. Sie hat einen mausähnlichen Kopf und Körper, große Ohren und Flügel, die an hauchdünne Regenschirme erinnern. Sie ist auch die kleinste Art – die Spannweite ihrer Flügel beträgt ungefähr 20 cm, von Kopf bis Schwanz misst sie nur 3–5 cm.

Abends, kurz vor Sonnenuntergang, kommt die Zwergfledermaus aus ihrem Versteck und fliegt los, um Insekten zu fangen. Diese hier hat einen Käfer entdeckt. Die nadelspitzen Zähnchen werden ihn gleich umschließen. Um diese Tageszeit jagen die Fledermäuse nach Sicht. Später verlassen sie sich auf die Echopeilung: Sie stoßen sehr hohe Schreie aus. Aus dem Echo leiten sie ab, wo sich Hindernisse oder fliegende Beutetiere befinden. Die wenigsten Fledermäuse saugen Blut; nur unter den tropischen Arten gibt es ein paar Blutsauger. Die europäischen Fledermäuse sind für den Menschen völlig harmlos.

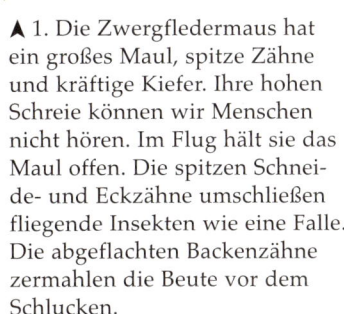

▲ 1. Die Zwergfledermaus hat ein großes Maul, spitze Zähne und kräftige Kiefer. Ihre hohen Schreie können wir Menschen nicht hören. Im Flug hält sie das Maul offen. Die spitzen Schneide- und Eckzähne umschließen fliegende Insekten wie eine Falle. Die abgeflachten Backenzähne zermahlen die Beute vor dem Schlucken.

➤ 3. Der Flug der Fledermäuse wirkt zackig und ziellos, doch die Tiere fliegen in Wirklichkeit so genau, dass sie auch kleinste Insekten in schneller Folge aus der Luft fangen. Auch beim Trinken ist eine gute Flugtechnik gefragt: Die Fledermäuse flattern knapp über dem Wasser und schöpfen es mit dem Unterkiefer heraus.

▼ 4. Die Flügel bestehen aus dünner Haut zwischen den Armknochen und den Fingern der Hand; der Daumen bleibt frei. Eine gesonderte Haut überzieht die Beine und den knochigen Schwanz; hier bleiben nur die Krallen der Füße frei.

▲ 2. Am Tag schlafen die Fledermäuse. In großen Gruppen hängen sie mit dem Kopf nach unten, die Flügel eng um den Körper geschlossen. Die Schlafplätze befinden sich oft in Höhlen, Kirchen, Scheunen, aber auch in neueren Gebäuden. Wenn man solch einen Schlafplatz findet, soll man die Tiere nicht stören.

➤ 5. Die hohen Schreie prallen von Hindernissen, die vor der Fledermaus liegen, als Echo zurück. Je nachdem, wie das Echo klingt, weiß die Zwergfledermaus, ob es eine Wand ist, ein Ast oder ein Fluginsekt, also ein Beutetier. Auf diese Weise fliegt die Fledermaus auf der Jagd nach Insekten sicher durch die Bäume.

Namen und Merkmale

Tier	Lateinischer Name	Größe*	Vorkommen in Europa	Seite
Amsel	*Turdus merula*	24 cm	Europa	16
Blaumeise	*Parus caerulus*	11 cm	Weit verbreitet	24
Buchfink	*Fringilla coelebs*	16 cm	Europa	18
Dachs	*Meles meles*	60–90 cm	Weit verbreitet	84
Dohle	*Corvus monedula*	30–33 cm	Europa	86
Dreistachliger Stichling	*Gasterosteus aculeatus*	bis 11 cm	Weit verbreitet	70
Eichhörnchen	*Sciurus vulgaris*	21 cm	Europa	20
Elster	*Pica pica*	46 cm	Europa	102
Erdmaus	*Microtus agrestis*	9–13 cm	Weit verbreitet	90
Europäischer Nerz	*Mustela lutreola*	28–43 cm	Fast ausgestorben	78
Feldhamster	*Cricetus cricetus*	20–30 cm	Gemäßigte europäische Gebiete	98
Feldhase	*Lepus europaeus*	40–70 cm	Mittel- und Südeuropa	104
Feldlerche	*Alauda arvensis*	18 cm	Europa	96
Fischotter	*Lutra lutra*	60–95 cm	Fast ausgestorben	62
Gelbrandkäfer	*Dytiscus marginalis*	27–35 mm	Weit verbreitet in Nordeuropa	80
Grasfrosch	*Rana temporaria*	6–10 cm	Weit verbreitet	64
Graureiher	*Ardea cinerea*	90 cm	Süd- und Mitteleuropa	58
Große Königslibelle	*Anax imperator*	7,5–8 cm	Weit verbreitet	68
Haselmaus	*Muscardinus avellanarius*	7 cm	Weit verbreitet	40

Bei Vögeln vom Schnabel bis zum Schwanz, bei Säugetieren Kopf-Rumpf-Länge

Tier	Lateinischer Name	Größe*	Vorkommen in Europa	Seite
Haubentaucher	*Podiceps cristatus*	46–61 cm	Süd- und Mitteleuropa	82
Hermelin	*Mustela erminea*	17–33 cm	Weit verbreitet	94
Igel	*Erinaceus europaeus*	25 cm	Europa	14
Kleiber	*Sitta europea*	14 cm	Weit verbreitet	52
Kleinspecht	*Dendrocapos minor*	15 cm	Weit verbreitet	48
Kuckuck	*Cuculus canorus*	33 cm	Europa	106
Maulwurf	*Talpa europea*	12–15 cm	Westeuropa	50
Nachtigall	*Luscinia megarhynchos*	16 cm	Weit verbreitet	38
Rauchschwalbe	*Hirunda rustica*	20 cm	Weit verbreitet	28
Reh	*Capreolus capreolus*	100 cm	Weit verbreitet	36
Rotfuchs	*Vulpes vulpes*	65 cm	Europa	46
Rotkehlchen	*Erithacus rubecula*	13 cm	Europa	12
Saatkrähe	*Corvus frugilegus*	45 cm	Europa	44
Singdrossel	*Turdus philomelos*	22,5 cm	Europa	8
Star	*Sturnus vulgaris*	22 cm	Weit verbreitet	92
Steinkauz	*Athene noctua*	20 cm	Weit verbreitet	34
Stockente	*Anas platyrhynchos*	60 cm	Europa	66
Teichmolch	*Tritrus vulgaris*	7–10 cm	Weit verbreitet	74
Türkentaube	*Streptopelia decaocto*	31 cm	Weit verbreitet	30
Turmfalke	*Falco tinnunculus*	34 cm	Europa	100
Waldbaum-läufer	*Certhia familiaris*	12 cm	Weit verbreitet	42
Waldkauz	*Strix aluco*	40 cm	Weit verbreitet	22
Waldmaus	*Apodemus sylvaticus*	9 cm	Europa	10
Waldohreule	*Asio otus*	40 cm	Weit verbreitet	56
Wasseramsel	*Cinclus cinclus*	18 cm	Europa	72
Waldspitzmaus	*Sorex araneus*	8 cm	Europa	26
Wasserspitzmaus	*Neomys fodiens*	7–11 cm	Nordeuropa	76
Wild-kaninchen	*Oryctolagus cuniculus*	40 cm	Weit verbreitet	54
Zwergfledermaus	*Pipistrellus pipistrellus*	3–5 cm	Mittel- und Südeuropa	108

Bei Vögeln vom Schnabel bis zum Schwanz, bei Säugetieren Kopf-Rumpf-Länge